Johannes Ludwig

Abschied vom Pazifismus?

Johannes Ludwig

Abschied vom Pazifismus?

Wie sich die Friedensbewegung neu erfinden kann

HERDER

FREIBURG · BASEL · WIEN

Für Stella

Dieses Projekt wurde gefördert durch die Stiftung Crummenauer des Bistums Limburg

www.herder.de
Umschlaggestaltung: Verlag Herder
Umschlagmotiv: © mm7 / shutterstock, © Olha Solodenko / shutterstock
Satz: Barbara Herrmann, Freiburg
Herstellung: CPI books GmbH, Leck
Printed in Germany
ISBN Print 978-3-451-39749-3
ISBN E-Book (E-Pub) 978-3-451-83749-4
ISBN E-Book (PDF) 978-3-451-84749-3

Inhalt

Geleitwort

Wie groß waren unsere Hoffnungen, wie schön unsere Träume von einem goldenen Zeitalter des Friedens, als in den so erstaunlich sanften Revolutionen der Wunderjahre 1989 und 1990 die Einigung Deutschlands und Europas und sogar der Welt möglich wurde, die ideologische und militärische Spaltung in Ost und West überwunden schien! Nur drei Jahrzehnte später erleben wir eine ganz andere und sehr bittere Zeitenwende: Gewalt und kriegerische Konflikte sind wieder und nach wie vor alltägliche Wirklichkeit. Der Aggressionskrieg Putin-Russlands gegen die Ukraine hat unser Vertrauen in eine durch Regeln und Verträge geordnete und sichere Welt, wenn nicht gänzlich zerstört, so doch schwer erschüttert.

Einen Krieg (wenigstens) in Europa zu verhindern, das war das Ziel gewesen, das gute Regierungspolitik und die Friedensbewegung geeint hatte. Das ist misslungen. Was sind die notwendigen Konsequenzen aus dieser bitteren Niederlage? Wer als Pazifist angesichts der Bilder aus der Ukraine ohne Selbstzweifel, ohne Irritation bleibt, der hat wohl kein Herz. Wer allzu schnelle Antworten hat, dem fehlt es vielleicht an Klugheit.

Die Friedensbewegung muss sich der Erschütterung durch diesen Aggressionskrieg stellen und darf nicht einfach und trotzig an den alten Gewissheiten und Glaubenssätzen festhalten. Die tapfere Wiederholung der vertrauten Losung „Frieden schaffen ohne Waffen“ und der festen Überzeugung, „Aufrüstung erhöhe das Risiko eines Krieges“, kann die friedensethischen Dilemmata nicht überspielen, in die Putins Aggression den Pazifismus gebracht hat. Dessen Ambivalenzen sind unübersehbar geworden. Allerdings ist auch die lautstarke und hämische Verabschiedung pazifistischer Argumente und Positionen allzu billig und der wirklichen Herausforderung unangemessen.

Das Konzept des gerechten Friedens, der friedensethische Grundsatz: Konfliktursachen erkennen, bearbeiten, ihre friedliche Lösung ermöglichen – all das ist nicht einfach erledigt. Aber wir haben uns zu fragen, was die alten Konzepte und guten Grundsätze noch taugen angesichts eines völkerrechtswidrigen Krieges. Und ob dieser Krieg nicht die Koordinaten für Friedenspolitik dauerhaft verändert hat. Die Friedensbewegung wird jedenfalls nur glaubwürdig bleiben können, wenn sie sich der bitteren Tatsache stellt: Es waren die Schwäche und Uneinigkeit des Westens und die Schutzlosigkeit der Ukraine, die von Putin als Aggressionsermunterung missverstanden werden konnten. Sollten der Westen und Europa mit Nichtunterstützung der Ukraine auf die Aggression reagieren – um des lieben Friedens willen, um der großen Zahl der Opfer willen? Von sich selbst mag man Wehrlosigkeit verlangen können. Aber von anderen? Das wäre Pazifismus auf Kosten dritter. Das wäre nur eine Solidarität des eigenen Wohlgefühls.

Es geht nicht um Kriegsgewöhnung, gar Kriegsbegeisterung. Beides wäre fatal, wer auch immer einen solchen Mentalitätswandel den Deutschen abverlangen wollte. Schon allein deshalb bleibt ein selbstkritischer und nüchterner Pazifismus notwendig. Man mag es durchaus für eine falsche Wortwahl halten, zu verlangen, unser Land müsse „kriegstüchtig" werden. Aber man darf sich nicht vor der Antwort auf die Frage drücken, ob Wehrhaftigkeit und Verteidigungsfähigkeit nicht zu den notwendigen Bedingungen von Friedenstüchtigkeit gehören müssen, so wie unbedingt auch zivile Kooperationsbereitschaft, wirtschaftliche Kooperationsfähigkeit, diplomatische Intelligenz und Fantasie und vieles mehr.

Es ist viel zu klären für einen Pazifismus, der glaubwürdig und realitätstüchtig sein will. Viel Stoff für Diskussion zwischen den Alten und den Jungen der Friedensbewegung, denn sie wird weiter gebraucht.

Wolfgang Thierse 30. November 2023

Vorwort

Die Idee, ein Buch über die Zukunft der Friedensbewegung in Deutschland zu schreiben, ist in der Folge der russischen Invasion in die Ukraine entstanden. Einmal mehr wurde deutlich, dass es bei Debatten um Krieg und Frieden nicht um bloße Konzepte geht, dass der Krieg keine weit entfernte Realität ist, sondern in unmittelbarer Nachbarschaft mit brutalsten Auswirkungen auf die Zivilbevölkerung stattfindet.

Mit dem Wiederaufflammen des Nahostkonflikts infolge der Angriffe der Hamas auf Israel hat die Thematik erneut tragische Aktualität erfahren.

Aus meiner Sicht war und ist es fatal, dass die Stimme der Friedensbewegung in einer Zeit, in der sie am dringendsten gehört werden müsste, zu verstummen droht, weil Teile der Bewegung populistische und teilweise gar verschwörungstheoretische und antisemitische Narrative reproduzieren.

Was die UNESCO in ihrer Verfassung festhält, mag pathetisch klingen, deckt sich aber mit meiner Grundüberzeugung:

> „Since wars begin in the minds of men, it is in the minds of men that the defences of peace must be constructed.“

Friedensethische und -politische Diskurse sind nicht nur Abfallprodukt geopolitischen Handelns, sondern haben konkreten Einfluss auf dieses.

Aus dieser Überzeugung heraus habe ich beschlossen, ein Buch über die Friedensbewegung zu schreiben. Ich hätte es mir zu leicht gemacht, wenn ich allein die strukturellen und inhaltlichen Defizite der Bewegung beschrieben hätte. Einerseits ist es leicht, aus der Beobachterperspektive zu kritisieren. Deswegen ist mein Vorstoß vor allem darauf bedacht, aus der Analyse Schlüsse für einen effektiven Friedensaktivismus der Zukunft zu ziehen. Andererseits wäre eine bloße Kritik dem teils jahrzehntelangen Engagement und den Erfolgen vieler namhafter und unbekannter Friedensaktivist:innen nicht gerecht geworden. Die Kritik dieses Buches zielt keinesfalls darauf, ihre Verdienste zu mindern, sondern vielmehr darauf, ihren Ideen und Überzeugungen auf bestmögliche Weise Sichtbarkeit zu verschaffen.

Dieses Buch wäre ohne die vielfältige Unterstützung anderer Friedensbewegter nie geschrieben worden. Es ist insofern weit mehr als bloße Höflichkeitsbekundung, zu Beginn all jenen meinen Dank auszusprechen, die den Prozess von der ersten Idee bis zum fertigen Buch begleitet haben.

Mein erster Dank gebührt Oleksandr, meinem ukrainischen Freund und zeitweisen Mitbewohner, der mir in Gesprächen immer wieder vor Augen geführt hat, dass Debatten über Krieg und Frieden keine intellektuellen Luftschlösser sind, sondern konkrete Auswirkungen auf geopolitische Realitäten haben.

Danken möchte ich auch all jenen, die auf meine ersten Ideen und Entwürfe Resonanz gegeben haben, allen voran Prof. Dr. Daniel Bogner.

Großer Dank gebührt Herrn Clemens Carl vom Herder-Verlag, der von Beginn an großes Vertrauen in mein Projekt gesetzt hat und es mit beeindruckendem Sachverstand und größter Sorgfalt von der ersten Idee bis zur Drucklegung begleitet hat.

Die Grundlage für dieses Buch ist weit vor der Idee entstanden und so möchte ich auch allen meinen akademischen Lehrer:innen in Dresden, Boston, Paris und London danken. Sie haben mir nicht nur das nötige analytische Handwerkszeug mitgegeben, sondern auch die Augen für die Komplexität politischer Fragestellungen geöffnet.

Mein größter Dank gilt meiner Familie. Ohne ihr akribisches Mitdenken und -lesen, vor allem aber den bedingungslosen Rückhalt hätte dieses Buch nicht entstehen können.

Stella stand mir über ihren Enthusiasmus und die unzähligen Gespräche und Rückmeldungen hinaus stets zur Seite. Ihr ist dieses Buch gewidmet.

1. Der russische Krieg gegen die Ukraine – eine Zeitenwende für die Friedensbewegung?

Russlandflaggen, Narrative der Täter-Opfer-Umkehr und ein drohender Schulterschluss mit rechtsextremen Bewegungen: Auf den von Sahra Wagenknecht und Alice Schwarzer initiierten *Aufstand für Frieden* vom 25. Februar 2023 folgt ein öffentlicher Aufschrei. Unter den Demonstrierenden sind Ukraineflaggen ebenso vereinzelt auszumachen wie Solidaritätsbekundungen mit der ukrainischen Bevölkerung auf ihren Transparenten.

Alice Schwarzers und Sahra Wagenknechts Vorstoß mag nur ein Beispiel des Aktivismus einer durchaus heterogenen Friedensbewegung sein. Und doch steht er emblematisch für ihre Glaubwürdigkeitskrise. Die mangelnde Abgrenzung gegenüber rechtsradikalen Kräften, populistische Diskursstrategien und ein angestaubtes Image verhindern zunehmend, dass die Friedensbewegung ihren Zielen gerecht werden kann. Die Antwort der Bewegung auf den russischen Angriffskrieg gegen die Ukraine bringt dies in aller Deutlichkeit zum Vorschein.

Noch ist unklar, ob die von Bundeskanzler Olaf Scholz ausgerufene Zeitenwende infolge von Russlands Krieg gegen die Ukraine auch zur Zeitenwende für die Friedensbewegung wird. Notwendig wäre sie allemal. Das bedeutet nicht, dass die Anhänger:innen der Friedensbewegung all ihre Überzeugungen über Bord werfen sollten. Es gab und gibt gute Gründe, die Prinzipien der Gewaltlosigkeit, der Priorisierung des Dialogs über Kampfhandlungen und der zivilgesellschaftlichen Stärkung weiterhin aufrechtzuerhalten. Das Handeln und die Gespaltenheit der Friedensbewegung infolge des russischen Angriffskriegs verdeutlichen allerdings den Reformbedarf der Friedensbewegung. Es bedarf dringend auch eines

Updates friedensethischer Kalküle und Prämissen, stößt die Friedensbewegung doch angesichts der aktuellen Kriegs- und Krisensituationen immer wieder an ihre Grenzen.

Dies ist kein Buch über den russischen Angriffskrieg in der Ukraine. Und doch zeigt sich gerade in der Antwort der Friedensbewegung auf diesen Krieg wie in einem Brennglas, dass der Glaubwürdigkeitsverlust nicht nur drohend bevorsteht, sondern teilweise schon eingetreten ist.

Es gab keine Zeit in der Geschichte, in der der Pazifismus nicht als naiv und verantwortungslos belächelt worden wäre. Auch in der gegenwärtigen Debatte um die Lieferung von Waffen in Kriegsgebiete ist der Begriff des Pazifismus beinahe zum Schimpfwort geworden. Eine Art des Umgangs damit wäre, diese Entwicklung schulterzuckend zu bedauern und in der Selbstviktimisierung verharrend umso vehementer auf der eigenen Position zu beharren. Eine andere, weitaus produktivere Auseinandersetzung damit könnte darin bestehen, die eigene Position selbstkritisch zu hinterfragen und zu schärfen. Nicht zuletzt scheitert der Diskurs allzu oft daran, dass das Anliegen des Friedens bei aller Polarisierung selbst in den Hintergrund gerät. Schlimmer noch, erliegt man selbstreferentiellen Debatten und verliert dabei die Leidtragenden des Kriegs aus dem Blick.

Bei allen friedenspolitischen Debatten darf nicht vergessen werden, dass der Friede kein abstraktes Konzept ist, über das man nach Belieben diskutieren könnte, sondern eine politische und soziale Realität. So sehr seine Anwesenheit die Lebensgrundlagen garantiert, so drastisch und unmittelbar leiden und sterben Menschen an seiner Abwesenheit. Es liegt in der Verantwortung der Friedensbewegung, diese existentielle Perspektive im Blick zu behalten.

Will die Friedensbewegung auch weiterhin dem Anspruch gerecht werden, Sand im Getriebe der Kriegsmaschinerien zu sein, so muss sie wieder zu einem ernst zu nehmenden

Mitglied öffentlicher Debatten werden und zu einer neuen Sprachfähigkeit finden. Wie aber kann ein solches ‚Update' für die Friedensbewegung aussehen?

Es ist beinahe zur Binsenweisheit geworden, dass die innerstaatlichen, internationalisierten und internationalen Kriege als Neue Kriege gewertet werden müssen. Ob Kriege und bewaffnete Konflikte in der Ukraine, im Jemen, in Äthiopien, in Mali oder in Kamerun: sie alle haben gemein, dass sie durch eine Fragmentierung und Asymmetrisierung des Kriegsgeschehens und der beteiligten Akteure, die Ökonomisierung und in der Folge auch die Verselbstständigung und die Hybridisierung der Kriegsführung geprägt sind. Neue Kriege werden in den seltensten Fällen offiziell erklärt oder beendet; die Grenzen zwischen Kriegs- und Friedenszeiten verschmelzen zunehmend. Davon zeugen die ‚eingefrorenen' Konflikte etwa in Transnistrien, Abchasien, Südossetien, aber auch in der Westsahara oder in der Provinz Kaschmir.

Auch wenn plausibel argumentiert werden kann, dass diese Kennzeichen keineswegs neu, sondern seit jeher mehr oder weniger prägende Faktoren des Kriegsgeschehens sind, muss doch konstatiert werden, dass sich die Gewaltförmigkeit moderner Kriege stark gewandelt hat. Umso frappierender ist, dass die Friedensbewegung auf diese neuen Herausforderungen bislang nur unzureichende Antworten gefunden hat und in weiten Teilen jahrzehntealte Mantras wiederholt, ohne diese einer kritischen Prüfung zu unterziehen. Man möchte beinahe glauben, es bestehe die Angst, dass auf diesen Realitätscheck ein Realitätsschock folgen könnte. Dass ein solcher Realitätscheck nicht längst erfolgt ist, ist nachlässig; dass er auch nach dem Realitätsschock des russischen Angriffskriegs auf die Ukraine noch aussteht, ist fahrlässig.

Was aber ist zu tun, wenn nicht einmal mehr sicher scheint, an wen man sich mit der Forderung nach Frieden richten könnte? Und welche Rolle kann eine kritische Öffentlichkeit, als deren Teil sich die Friedensbewegung verstehen möchte, überhaupt einnehmen? In den 1950er Jahren formulierten die beiden US-amerikanischen Politikwissenschaftler Gabriel Almond und Walter Lippmann unabhängig voneinander die These, dass die Öffentliche Meinung für außenpolitische Prozesse weitestgehend irrelevant sei. Kern des sogenannten Almond-Lippmann-Konsenses war, dass die öffentliche Meinung viel zu volatil sei, als dass sie auf irgendeine Weise Eingang in die Formulierung der Außenpolitik finden könne. Überhaupt seien außenpolitische Prozesse viel zu komplex, um von einer breiten Öffentlichkeit verstanden zu werden. Was schon damals von vielen Beobachter:innen abgelehnt wurde, erweist sich spätestens seit dem russischen Krieg in der Ukraine als obsolet: Es wird allerorten über hochkomplexe Waffensysteme diskutiert; Frontlinienverläufe können in Echtzeit verfolgt werden. Nie war die Öffentlichkeit informierter über außenpolitische Belange. Gleichzeitig waren auch die Desinformationskampagnen nie umfassender.

Man wird wohl niemanden finden, der ernsthaft bestreiten würde, dass die Öffentliche Meinung nicht einen Einfluss auf die Positionierung eines Staates gegenüber Kriegsparteien, wenn nicht gar auf die Kriegsparteien selbst hätte. Wie aber genau diese Einflusskanäle der öffentlichen Meinung abseits von Social Media-Likes verlaufen, ist hochkomplex und bedarf der vertieften Analyse.

Die Erfahrungen der vergangenen Jahrzehnte zeigen eindrücklich, dass das Engagement unzähliger Friedensaktivist:innen durchaus Früchte getragen hat. Will man das Abdriften der Friedensbewegung in die Bedeutungslosigkeit verhindern, so ist eine intensive Auseinandersetzung mit den inhaltlichen und strukturellen Herausforderungen unausweichlich.

Damit die Friedensbewegung in der politischen Debatte eine relevante Stimme bleibt, ist eine Rezeption wissenschaftlicher Erkenntnisse unterschiedlichster Disziplinen dringend notwendig. Klar ist, dass Wissenschaft und Praxis mit unterschiedlichen Zielsetzungen antreten; ohne einer Expertokratie das Wort reden zu wollen, ist aber mindestens ebenso klar, dass der Wissenstransfer deutlich intensiviert werden muss. Die Wissenschaftskommunikation ist in einem Zeitalter der Desinformation wichtiger denn je und von zivilgesellschaftlichen Akteur:innen einzufordern und von der Wissenschaft zu fördern.

Die Gefahr des Glaubwürdigkeitsverlusts wird dadurch erhöht, dass die Friedensbewegung teilweise in populistische Fahrwasser geraten ist oder zu geraten droht und dadurch auch rechtspopulistischen Gruppierungen anschlussfähig erscheint.

Wenn Friedensaktivist:innen auch in Zukunft gesellschaftlichen Einfluss nehmen wollen, so ist eine Auseinandersetzung mit den vielfältigen Populismusfallen unausweichlich. Wenn der Whataboutism sich den Weg bahnt, das beliebige Verknüpfen sachlich richtiger Daten im Kontext zur Falschinformation führt oder wenn in der öffentlichen Debatte lautstark kritisiert wird, die Stimme der Mehrheit – der man zufällig auch selbst angehöre – werde nicht gehört oder unterdrückt, und Medien-Bashing zur guten Praxis wird, kommt der Glaubwürdigkeitsverlust nicht überraschend.

Das Zeitalter der Digitalität ist in dieser Hinsicht ambivalent. Einerseits besteht ein beinahe unbeschränkter Zugang zu Informationen. Andererseits werden die Gefahren und Folgen des Populismus verstärkt. Angesichts der zunehmend hybriden Kriegsführung, die gezielte Falschinformation im digitalen Raum einschließt, ist es für die Friedensbewegung essentieller denn je, populistische Diskurse zu entlarven und für faktenbasierte Debatten einzutreten.

Nun könnte man achselzuckend konstatieren, dass sich die Friedensbewegung mit populistischen Diskursen selbst diskreditiere; fatal ist allerdings, dass dadurch nicht nur sie selbst, sondern auch die Ziele, für die sie antritt, ins Hintertreffen geraten. Auch deshalb ist eine Auseinandersetzung mit den Populismusfallen dringend notwendig.

Wenn im Diskurs vielfach die Befürchtung eines erneuten Aufflammens der Denk- und Konfrontationsmuster des Kalten Kriegs geäußert wird, so kann man sich mitunter des Eindrucks nicht erwehren, Teile der Friedensbewegung hätten sich von diesen nie gelöst. In jeden Konflikt dieser Erde eine ideologische Konfrontation zwischen den USA und Russland hinzuinterpretieren, führt am Ende zu einer Ideologisierung der Friedensbewegung selbst, die weder der Debatte noch dem Ziel des Friedens zuträglich ist. Im Gegenteil verstärkt sie den Glaubwürdigkeitsverlust und wirkt sich schlimmstenfalls sogar kontraproduktiv aus, weil ernst zu nehmende kritische Stimmen fehlen.

Es geht nicht darum, von der Friedensbewegung einzufordern, ihre Wurzeln zu kappen oder ihr Erbe zu vernachlässigen. Und doch wirkt es teilweise so, als sei das Mitschleifen vergangener Ideologien für die heutigen Verfechter:innen zur erdrückenden Last geworden. Gelänge es der Friedensbewegung, sich von diesem Erbe zu emanzipieren, so könnte sie nicht nur an Agilität und Sprachfähigkeit gewinnen, sondern möglicherweise auch jüngere Mitglieder anziehen. Die Klimabewegung hat eindrucksvoll bewiesen, dass es auch heute möglich ist, junge Menschen für politische Fragen zu mobilisieren. Dass es der Friedensbewegung kaum mehr gelingt, jüngere Mitglieder zu binden, liegt nicht etwa daran, dass diesen der Friede in der Welt nicht am Herzen läge. Allerdings ist bei vielen der Widerwille gegen politische Vereinnahmung und Ideologisierung mindestens ebenso groß wie der Wille, sich für den Frieden einzusetzen. Kurzum: Die

Friedensbewegung steht sich und ihren Zielen in vielerlei Hinsicht selbst im Weg.

Statt bei der Analyse der Defizite stehenzubleiben, sollen in diesem Buch Perspektiven für die Zukunft herausgearbeitet werden. Um Wege aus der Krise aufzuzeigen, ist zunächst eine Analyse der historischen Entwicklungslinien des Friedensbegriffs und der Friedensbewegung notwendig (Kapitel 2 und 3). Was ist mit dem Konzept ‚Friede' überhaupt gemeint? Ist die Gespaltenheit der Bewegung problematisch oder eher ein Anzeichen ihrer Lebendigkeit?

In einem zweiten Schritt gilt es dann, den gegenwärtigen Zustand der Friedensbewegung zu untersuchen (Kapitel 4). Die historischen Analysen können bei der Einordnung aktueller Entwicklungen richtungsweisend sein. Steht die Friedensbewegung wirklich – so wie viele Beobachter:innen attestieren – vor dem Aus oder handelt es sich bei solchen Bekundungen eher um effektheischenden Alarmismus?

In einem dritten Schritt werden der gegenwärtige friedenspolitische Diskurs und insbesondere die vielfältigen Populismusfallen beleuchtet (Kapitel 5 und 6). Wie kommt beziehungsweise kam es zur Übernahme populistischer Narrative durch die Friedensbewegung? Wie funktionieren diese und noch wichtiger: Wie können sie überwunden werden? Ein Schlüssel für diese Fragen liegt in der Auseinandersetzung mit den friedensethischen Grundlagen des friedenspolitischen Diskurses.

Zuletzt soll vergleichend herausgearbeitet werden, was die Friedensbewegung bei ihrer Neuorientierung von den Erfolgen und Fehlern der Klimabewegung lernen kann (Kapitel 7 und 8).

Ein methodischer Hinweis soll an dieser Stelle nicht ausbleiben. Der Einfachheit wird mitunter von *der* Friedensbewegung gesprochen. Doch wird man anerkennen müssen, dass es *die eine* Friedensbewegung nicht gibt. Es handelt sich eher um einen Sammelbegriff für ein äußerst heterogenes Spektrum gesellschaftlicher Akteur:innen, deren Ansichten teils konträr zueinander liegen. So zeigt sich etwa in der Debatte um die Waffenlieferungen an die Ukraine, auf welch unterschiedliche Prämissen die verschiedenen Stimmen der Friedensbewegung ihr Handeln gründen.

Allerdings kann die Vielschichtigkeit der Stimmen und das Zutagetreten grundsätzlicher Differenzen zum Katalysator für eine Neuaufstellung der Bewegung werden.

Der russische Angriffskrieg – und dies wird in der Debatte deutlich – zwingt beinahe jede:n, sich zu friedensethischen Fragestellungen zu positionieren. Möglicherweise werden Trennlinien innerhalb der Bewegung dadurch sicht- und greifbarer. Entstanden sind sie weitaus früher.

Frieden zu schaffen, bedeutet Arbeit, bisweilen harte Arbeit: Arbeit an der Schärfung eigener Positionen, an der Versachlichung der Debatte und nicht zuletzt auch an sich selbst. Es wäre vermessen, ein Patentrezept für die vielfältigen friedensethischen und -politischen Herausforderungen unserer Zeit anbieten zu wollen. Statt verkürzte Antworten auf allzu komplexe Fragen zu geben, will dieses Buch dazu anregen, bessere Fragen zu stellen.

Niemand kann von der Aufgabe und Verantwortung entbunden werden, innerhalb der friedenspolitischen Debatten den eigenen Standpunkt zu finden, zu behaupten und möglicherweise auch zu ändern. Dazu soll dieses Buch eine Orientierungshilfe sein.

2. Der Wandel des Friedensbegriffs: Vom Ende der Geschichte zur unendlichen Geschichte

Das abrupte Ende des Kalten Kriegs muss dem US-amerikanischen Politikwissenschaftler Francis Fukuyama als ebenso unvorhersehbare wie glückliche Fügung vorgekommen sein. Der gesamte weltpolitische Rahmen, innerhalb dessen er groß geworden war und in dessen Analyse er ein herausragender Experte war, hatte mit einem Mal ein jähes Ende gefunden. Vorbei die Zeit der Blockkonfrontation; die Sowjetunion, die jahrzehntelang die größte Bedrohung der USA dargestellt hatte, war plötzlich nicht mehr als ein Relikt der Vergangenheit.

Die Euphorie, die mit dieser Zeitenwende einherging, war so groß, dass Fukuyama 1992 in seinem Buch *The End of History and the Last Man* gar von einem Ende der Geschichte sprach. Hatte das friedliche Ende des Kalten Kriegs nicht den jahrzehntelang währenden Wettkampf um Fortschritt und Wohlstand zugunsten des Liberalismus entschieden und bewiesen, dass Demokratie und Marktwirtschaft Garantinnen eines menschenwürdigen Lebens waren? Die Geschwindigkeit, mit der sich die „vierte Demokratisierungswelle“[1] in den ehemaligen Staaten der Sowjetunion und den Blockstaaten zu vollziehen schien, bestätigten ihn in der Annahme, dass der Siegeszug der den Frieden sichernden Demokratie nun endgültig begonnen hatte.

Im Rückblick mag Fukuyamas Rede vom „Ende der Geschichte“ vorschnell gewesen sein; sie wurde damals wie heute massiv kritisiert: Es wurde bald auf drastische Weise offensichtlich, dass die vermeintliche Demokratisierung sich in vielen Teilen der Welt mehr als ein Fortbestand vorhandener Machtstrukturen unter anderem Namen entpuppte; die Staatszerfallskriege in vielen ehemaligen Staaten der Sowjetunion waren nur Vorboten einer Ära der Instabilität, der man mithilfe des neuen Weltordnungskonzepts des Multilateralismus Herr zu werden suchte. An die Stelle einer Ordnung, in der letzten Endes das Recht des Stärkeren gegolten hatte, sollte eine zunehmende Verdichtung der Verrechtlichung und Institutionalisierung der internationalen Beziehungen treten. Fukuyamas Analyse zeigt eindeutig die enge Verbindung des politischen und wirtschaftlichen Systems mit dem Konzept des Friedens. Er war freilich nicht der erste und ist auch nicht der letzte Wissenschaftler, der einen Zusammenhang von Staatsform und Friede herzustellen suchte. Schon in der Antike hatte Aristoteles idealtypisch sechs Verfassungsformen beschrieben und die Politie, eine Mischung aus Demokratie und Monarchie, als die stabilste und dem Wohlstand und Frieden zuträglichste Staatsform bezeichnet. Auch in der jüngeren politikwissenschaftlichen Forschung ist das Postulat des „Demokratischen Friedens“ immer wieder vertreten worden. Dabei kann grundsätzlich zwischen zwei Spielarten der Theorie unterschieden werden. Während die monadische Theorie von einer grundsätzlichen Friedfertigkeit demokratischer Systeme ausgeht, wird in der dyadischen Variante präzisiert, dass sich die Friedfertigkeit nur auf das Verhalten einer Demokratie gegenüber anderen Demokratien beschränkt. Es gibt zahlreiche Befunde, die die monadische Theorie vom demokratischen Frieden widerlegen; auch demokratische Staaten führen Kriege gegen andere Staaten – ein Beispiel hierfür ist etwa die Invasion der USA im Irak. Die dyadische Theorie vom demokratischen Frieden hat sich demgegenüber als erstaunlich haltbar erwiesen. Die wenigen Beispiele für militärische Auseinandersetzungen zwischen Demokratien bleiben in der Intensität zumeist unterhalb der Schwelle des Kriegs. Für die dyadische Theorie gibt es mehrere Erklärungsansätze. Einerseits kann angenommen werden, dass die Bürger:innen ihren eigenen wirtschaftlichen und sozialen Nutzen dann maximieren können, wenn ein Staat stabile Außenbeziehungen unterhält. Anderseits kann der Friede zwischen Demokratien auch durch die hohe Bereitschaft zum Eingehen von Abhängigkeiten erklärt werden. Der Krieg wird dieser institutionalistischen Lesart folgend schon deshalb nicht in Erwägung gezogen, weil er angesichts der Interdependenzen auch für den Aggressor selbst mit erheblichen Konsequenzen verbunden wäre. Schließlich lautet ein dritter Erklärungsansatz, dass demokratische Systeme im Inneren zum Vertrauensaufbau in den Außenbeziehungen der Staaten führen. Demnach hat in Demokratien auf nationaler und internationaler Ebene ein Lernprozess stattgefunden, innerhalb dessen Methoden der friedlichen Streitbeilegung internalisiert wurden.[2]

Der vom Westen propagierte Fortschrittsoptimismus fand einen erneuten Höhepunkt im Arabischen Frühling, der von manchen schon bald als „fünfte Welle der Demokratisierung“ gefeiert wurde.[3] Nach dem Ende des Kolonialismus und dem Zerfall der Sowjetunion schienen nun auch die letzten autokratischen Bastionen zu fallen. Was mit der tragischen Selbstverbrennung eines Gemüsehändlers in Tunesien begonnen hatte, entfaltete bald in der ganzen arabischen Welt eine Sprengkraft, die niemand vorherzusagen gewagt hatte. Machthaber, die teils jahrzehntelang die Geschicke ihrer Länder bestimmt hatten und nicht selten von kolonialen Abhängigkeitsverhältnissen profitiert hatten, wurden über Nacht abgesetzt. Der Demokratisierung und der davon erwarteten Friedensdividende schien nichts mehr im Wege zu stehen.

Umso massiver war der Realitätsschock, als sich auch diese Hoffnungen schon bald als illusorisch erwiesen. In vielen Staaten konnten die alten Eliten nach den Unruhen und Umwälzungsversuchen des Arabischen Frühlings schon bald auf ihre Machtpositionen zurückkehren oder wurden durch repressiv agierende Militärregierungen ersetzt. Selbst Tunesien, das lange als Paradebeispiel der „Demokratiefähigkeit" der arabischen Welt gegolten hatte und als Hoffnungsträgerin des Arabischen Frühlings gefeiert worden war, ist inzwischen wiederum in autokratische Strukturen abgedriftet. Repressionen im Iran, die ultrakonservative Muslimbruderschaft in Ägypten, ein grausamer Bürgerkrieg in Syrien und das Erstarken der Terrorbewegung Islamischer Staat: Die Bilanz der ‚fünften Welle der Demokratisierung' war verheerend ausgefallen. War bei vielen europäischen Beobachter:innen also der Wunsch Vater des Gedankens gewesen? Drastischer hätte man kaum daran erinnert werden können, dass die Staatsform der Demokratie im Zeitverlauf und auch regional bis heute eher die Ausnahme als die Regel geblieben ist. Zudem ist sie äußerst fragil und anspruchsvoll. Im Zuge der Welle des Rechtspopulismus wurden auch viele westliche Demokratien daran erinnert, dass selbst lange bestehende politische Systeme nicht immun gegenüber Anfechtungen sind. Dass der friedliche Machtwechsel in den Vereinigten Staaten von Amerika, der einflussreichsten und wohlhabendsten Demokratie der Welt, infrage stand, ist nur die Spitze des Eisbergs, zumal der friedliche Regierungswechsel als absolutes Minimalkriterium eines demokratischen Systems gilt. Auch um den Erhalt der Demokratie in Europa scheint es nicht besser bestellt: In Italien wird eine rechtsnationale Regierung von der nächsten abgelöst, Frankreich erzittert vor jeder Wahl vor dem drohenden Sieg des *Front National*, die erodierende Rechtsstaatlichkeit in Ungarn und Polen unterminiert das Projekt der europäischen Einigung und in Deutschland reißt eine Partei die 20-Prozent-Hürde, deren Jugendorganisation und Landesverbände vom Verfassungsschutz als gesichert rechtsextremistisch eingestuft werden oder unter permanenter Beobachtung stehen.

Von Bedeutung ist diese in erster Linie innenpolitische Trendwende insofern, weil die multilaterale Ordnung selbst zum Ziel der Angriffe rechtspopulistischer Parteien geworden ist. Das Engagement und die institutionalisierte Zusammenarbeit auf internationaler oder – wie im Falle der Europäischen Union – supranationaler Ebene werden als ‚Ausverkauf nationaler Interessen' tituliert. An die Stelle einer Idee der europäischen Einigung als Friedensprojekt und der Vision einer regelbasierten internationalen Ordnung ist ein Kalkül getreten, in dem nach kurzfristigen Kosten, nicht aber nach langfristigem Gewinn gefragt wird. Der Friede in Europa wurde in zunehmendem Maße als unhinterfragte Grundkonstante der politischen Ordnung hingenommen, sodass kaum mehr gesehen wurde, dass er in erster Linie Dividende des Projekts der europäischen Integration gewesen ist. Mit der von populistischen Parteien getragenen und vorangetriebenen Renationalisierung vieler Staaten zeigt sich bereits heute – etwa beim europäischen und internationalen Schutz der Menschenrechte – auf leidvolle Weise, dass dieser Prozess alles andere als unumkehrbar ist. So wie die Institutionalisierung und Verrechtlichung auf internationaler Ebene langfristig für relative Sicherheit und Wohlstand gesorgt haben, so würde die konsequente Orientierung an der kurzsichtigen Agenda des Populismus zur politischen Desintegration und einer anarchistisch geprägten Weltordnung führen, in der an die Stelle der Stärke des Rechts das Recht des Stärkeren tritt.

Die politischen Debatten um die Themen Flucht und Migration sind nur ein Beispiel dafür, dass dieses Kalkül des Populismus bereits Eingang in die Mitte der Gesellschaft gefunden hat; anders lassen sich das immer wieder aufflammende Geschacher um die Aufnahmequoten von Menschen auf der Flucht oder die sogenannten ‚Deals' mit autokratisch regierten Staaten wie der Türkei oder Tunesien nur schwer erklären.

Der russische Angriffskrieg auf die Ukraine vom 24. Februar 2022 stellte all jene Gewissheiten, die zwar schon zuvor immer wieder Angriffen ausgesetzt, aber dennoch mit aller Kraft immerhin rhetorisch verteidigt wurden, mit einem Mal infrage. Trotz eindringlichster Warnungen der osteuropäischen Staaten hatte niemand glauben wollen, dass die Annexion der Krim 2014 nur der Beginn eines russisch geführten territorialen Expansionskriegs gewesen war. Auch Putins im Vorfeld immer wieder geäußerte ‚Interpretation' der russischen Geschichte, in der er die Ukraine und Russland als historisch gewachsene territoriale Einheit und den Untergang der Sowjetunion als „größte geopolitische Katastrophe des 20. Jahrhunderts" bezeichnet hatte, schien vielen Beobachter:innen in ihrem Duktus und Mindset zu fern, als dass sie als unmittelbare Bedrohung oder Vorbotin eines Angriffskriegs hätten wahrgenommen werden können. So fern, dass selbst die Geheimdienste der Vereinigten Staaten erst einige Wochen vor Kriegsbeginn vor der Invasion russischer Truppen in die Ukraine warnten und diese Informationen erst wenige Tage vorher ernst genommen wurden.

Der russische Angriffskrieg war und ist für den Westen ein derartiger Realitätsschock, dass der deutsche Bundeskanzler Olaf Scholz schon bald von einer „Zeitenwende" sprach.[4] Der Glaube, dass hegemoniale Machtansprüche durch ein multilaterales und institutionalisiertes System eingehegt werden könnten, hatte sich mit einem Schlag als Illusion erwiesen. Man mag dem Westen vorwerfen, die von Putins großrussischen Phantasien ausgehenden Gefahren nicht ernst genug genommen zu haben; andererseits war die Annahme, dass die Ächtung des Kriegs als legitimes Mittel der Politik Eingang in den Minimalkonsens der Normen des internationalen Systems auf dem europäischen Kontinent gefunden hätte, durchaus rechtfertigbar. Jedenfalls hat die russische Invasion zu einer Neubewertung der jüngeren politischen Entwicklungen im Westen geführt, zeigt sie doch, dass nationalistischer Rechtspopulismus,

Großmachtstreben und Geschichtsrevisionismus alles andere als wahnwitzige Hirngespinste sind, sondern binnen kürzester Frist für Millionen von Menschen unvorstellbares Leid bedeuten können.

Dennoch soll der kurze Abriss über das Ausbleiben der vierten Demokratisierungswelle, das Scheitern des Arabischen Frühlings, das Wiederaufflammen des Rechtspopulismus im Westen und den russischen Angriffskrieg gegen die Ukraine kein Anlass für eine defätistische Grabrede auf die Demokratie oder den Multilateralismus sein; er soll vielmehr dafür sensibilisieren, dass als sicher geglaubte Fundamente der Weltordnung alles andere als unanfechtbar sind. Demokratie auf nationalstaatlicher Ebene und Multilateralismus auf internationaler Ebene sind keine Selbstläufer oder gesicherte Zustände, die – einmal erreicht – nicht mehr gefährdet wären. Vielmehr sind sie grundsätzlich umkehrbare Prozesse, deren Aufrechterhaltung mit einem massiven Einsatz verbunden sind. Was für die systemischen Garanten des Friedens auf nationaler und internationaler Ebene gilt, gilt in umso größerem Maße auch für den Frieden selbst.

Francis Fukuyamas Einläuten des Endes der Geschichte mag zwar im Rückblick allzu euphorisch und inhaltlich unzutreffend gewesen sein. Die Kopplung der Idee des Friedens an die Staatsform zeigt aber doch eines sehr deutlich: Die Idee des Friedens ist einem Wandel unterworfen und entwickelt sich stets weiter. Dabei ist die Staatsform keineswegs der einzig determinierende Faktor des jeweiligen Friedensverständnisses. Ein Blick in die Geschichte zeigt, dass die jeweiligen politischen, soziokulturellen und wirtschaftlichen Rahmenbedingungen maßgeblich das mitbestimmten, was gemeinhin mit dem Begriff ‚Friede' bezeichnet wurde. Ohne den Wandel des Friedensbegriffs im Einzelnen nachzeichnen zu wollen, sollen im Folgenden einige Meilensteine beleuchtet werden, um zu illustrieren, dass unter ein und demselben Begriff im

Laufe der Zeit – und sogar zeitgleich – mitunter sich diametral entgegenstehende Konzepte subsumiert wurden.

Der Friede als Ordnungskonzept

So wurde etwa der römische Kaiser Augustus deswegen für die lange währende *Pax Augusta* verehrt, weil sie die wirtschaftliche Prosperität im Römischen Reich garantierte. Der Friede war freilich keine normative Idee von universaler Reichweite, sondern bezog sich in erster Linie auf das Innere des Römischen Reiches und schloss Expansionsbestrebungen nach außen hin keineswegs aus. Der Friede war also in erster Linie mit der aus der Abwesenheit des Kriegs resultierenden Stabilität konnotiert, ohne dass daraus der Impetus erwachsen wäre, den Wert dieser Idee zu entpersonalisieren und zu universalisieren.

In der Neuzeit und insbesondere bei den Denkern des Kontraktualismus war der Friede demgegenüber um der Sicherung des Privateigentums willen geschätzt. Thomas Hobbes beschreibt in seinem Werk Leviathan eindrücklich die das Eigentum und das Leben bedrohende Anarchie (*homo homini lupus*). Diese könne nur durch einen Gesellschaftsvertrag und die Delegation der das Eigentum sichernden Macht an das Staatsgebilde überwunden werden. Thomas Hobbes geht in seinem kontraktualistischen Denken von einem stark negativ geprägten Menschenbild aus. Die Existenz des Staates wird durch ein Sicherheitsstreben begründet, dem das Individuum allein nicht Rechnung zu tragen vermag. Der Entwurf John Lockes zeigt demgegenüber, dass der anthropologische Pessimismus keineswegs die einzige Möglichkeit für die Begründung des Gesellschaftsvertrags ist. Wenngleich die Sicherung des Privateigentums auch für ihn logische Konsequenz des Kontrakts ist, so kann doch das Individuum durch die Instanz des Staates seine Freiheit in größerem Maße verwirklichen, als dies im vorstaatlichen Zustand möglich gewesen wäre. Auch diese kontraktualistischen Entwürfe bleiben allerdings partikular, beziehen sie sich doch vorwiegend auf die jeweiligen innergesellschaftlichen Verhältnisse bzw. auf das Verhältnis des Individuums zu seiner Umwelt im vorstaatlichen und staatlichen Zustand, ohne aber die Beziehungen zwischen den sich herausbildenden Staaten zu berücksichtigen.

Die universale Perspektive der Idee des Friedens nimmt im Westen erst im Zuge der Entstehung des neuzeitlichen Völkerrechts und des sich herausbildenden Westfälischen Staatensystems Konturen an. So entwirft etwa Hugo Grotius in seinem Werk *De jure belli ac pacis* die Vision von einer internationalen Ordnung, in der der Friede durch Verrechtlichung erreicht werden soll. Auch dieser Entwurf folgt indes in erster Linie dem Postulat der Regelbasiertheit, ohne aber die Idee des Friedens normativ zu begründen. Der Friede ist insofern kein Selbstzweck, sondern soll die internationalen Beziehungen ordnen und insbesondere die Freiheit der Meere herstellen. Gleichwohl führt die territoriale Universalisierung des Friedenskonzepts im Zeitalter der Herausbildung des Völkerrechts zu einer zentralen Verschränkung zweier Entwicklungslinien, die sich für das heutige Friedensverständnis als maßgeblich erweisen werden.

So vollzog sich in der neuzeitlichen Philosophie, etwa bei Samuel Pufendorf, ein Paradigmenwechsel in der Begründung des Rechts. Im Zeitalter der religiösen Zersplitterung und insbesondere im Zuge der Religionskriege konnte die Religion keine universell rechtsbegründende Wirkung mehr entfalten. Hatte die Berufung auf ein religiös begründetes Naturrecht, wie es seit Augustinus entfaltet worden war, lange Zeit als normenbegründendes und gesellschaftsintegratives Element gewirkt, so wurde mit dessen Anfechtung ein Begründungsdefizit offenbar. Dieses Defizit suchten einflussreiche Denker ihrer Zeit durch den Paradigmenwechsel von der naturrechtlichen zur vernunftrechtlichen Normenbegründung zu kompensieren. An die Stelle des mittels der menschlichen Natur oder der kirchlichen Institution begründeten göttlichen Rechts war die menschliche Vernunft als Begründungsanker des Rechts getreten.

Die Universalisierung des Friedens durch Demokratie und Menschenrechte

Das vernunftrechtliche Paradigma brachte folgenreiche Implikationen mit sich. Wollte man die universale Geltung des Rechts garantieren, so musste dieses – wenigstens theoretisch – an die Vernunft aller Menschen anschlussfähig sein. Neuer Begründungsanker wurde die Menschenwürde: ein Konzept, das bis dahin allenfalls normativ begründbar gewesen war, aber nicht selbst normative Kraft entfaltet hatte. Tatsächlich sollte es noch bis zur Französischen Revolution dauern, bis die Menschenwürde und die aus ihr entspringenden Menschenrechte ihren Niederschlag in den politischen Verhältnissen finden würden.

Selbst wenn die französische Menschenrechtserklärung im nationalstaatlichen Rahmen verankert blieb, war damit ein entscheidender Quantensprung gelungen: Begründung, Setzung und Durchsetzung des Rechts oblagen nicht mehr dem absolutistischen, staatlichen Gewaltmonopol, sondern waren normatives Postulat der Menschenwürde. Mehr noch, konnten sie nur im Rahmen eines politischen Systems zur vollen Geltung kommen, das deren Grundprämissen im Kern entsprach: der Demokratie.

Gleiches galt in Verbindung mit der Herausbildung des Völkerrechts auch für den Friedensbegriff. Nicht um der Sicherung des Lebens, der Eigentumsverhältnisse oder der wirtschaftlichen Prosperität willen galt es, den Frieden herzustellen. Der Friede selbst hatte durch das Postulat der Menschenwürde einen normativen Wert und Gehalt erlangt. Das Konzept der Menschenwürde implizierte, dass mit einem Male nicht mehr nur von Bedeutung war, dass Friede herrschte, sondern auch von wem, für wen und unter welchen Umständen dieser Friede hergestellt und gesichert wurde. Selbstverständlich waren dies zunächst nur theoretische Implikationen, die etwa in Immanuel Kants Schrift *Zum Ewigen Frieden* anfanghaft widerscheinen. Bis die Idee eines auf der Menschenwürde basierenden, friedlichen Staatensystems Eingang in die internationalen Beziehungen fand, sollte es der grausamen Erfahrungen zweier Weltkriege bedürfen. Und selbst während der *Travaux préparatoires* zur Charta der Vereinten Nationen war das Konzept der Menschenwürde in seiner Begründung und Geltung derart umstritten, dass es lediglich in die Präambel Eingang fand: „Wir, die Völker der Vereinten Nationen – fest entschlossen, […] unseren Glauben an die Grundrechte des Menschen, an Würde und Wert der menschlichen Persönlichkeit, an die Gleichberechtigung von Mann und Frau sowie von allen Nationen, ob groß oder klein, erneut zu bekräftigen, […]". Auch die Allgemeine Erklärung der Menschenrechte wurde vermutlich nur deshalb mit großer Einmütigkeit verabschiedet, weil sie als Resolution der UN-Generalversammlung grundsätzlich nicht bindend war. Gleichwohl wurden einige menschenrechtliche Normen, insbesondere das Recht auf Leben und körperliche Unversehrtheit, angesichts der Staatenpraxis (*consuetudo*) und der Rechtsüberzeugung (*opinio juris*) zum bindenden Völkergewohnheitsrecht.

Nach der Gründung der Vereinten Nationen wurde durch allerorts aufflammende Konflikte schnell klar, dass die Weltorganisation aufgrund der strukturellen Gegebenheiten nicht im Stande war, ihrem hehren Ziel der internationalen Friedenssicherung gerecht zu werden. Der internationalisierte chinesische Bürgerkrieg, der Erste Indochinakrieg und der Koreakrieg ließen keinen Zweifel daran, dass auch nach der Gründung der Vereinten Nationen Kriegs- und Konfliktsituationen in den internationalen Beziehungen an der Tagesordnung sein würden. Verschärft wurde diese Dynamik durch den Prozess der Dekolonisierung, der einerseits zu einem rasanten Anstieg der Zahl der Mitgliedsstaaten der Vereinten Nationen, andererseits aber auch zu einer massiven Fragmentierung des internationalen Systems führte. Angesichts der globalen Machtstrukturen ist es nicht verwunderlich, dass die Ständigen Mitglieder des UN-Sicherheitsrats in ihrer Konzeptualisierung des Friedenskonzepts an der Minimaldefinition des Friedens als Absenz des Kriegs festhalten wollten. Demgegenüber wurde durch das sich verschiebende Machtgefälle angesichts der Souveränität neuer unabhängiger Staaten schnell deutlich, dass diese den Friedensbegriff nicht nur in der Abwesenheit des Kriegs oder dem Rückzug der Kolonialmächte, sondern auch in der Garantie weiterer Friedensfaktoren sozialer, politischer oder kultureller Natur verwirklicht sehen wollten. Ein Beispiel hierfür ist etwa die zunehmende Verquickung des Friedensbegriffs mit dem entstehenden internationalen Menschenrechtsregime. Dabei war die konkrete Ausgestaltung der Menschenrechte angesichts der Blockkonfrontation keineswegs unumstritten. So wurden in den jeweiligen Einflusssphären der Sowjetunion und der Vereinigten Staaten jeweils unterschiedliche Interpretationen des Menschenrechtsbegriffs propagiert. Während die westlichen Staaten auf die Verabschiedung eines Pakts für bürgerliche und politische Rechte drängten, bemühte sich der Ostblock um die Verankerung sozialer, wirtschaftlicher und kultureller Rechte. Insofern ist es wenig verwunderlich, dass das ursprüngliche Vorhaben der Verabschiedung eines einzigen Menschenrechtsvertrags schon bald scheiterte. So fand man in der UN-Generalversammlung schon bald zur salomonischen Lösung, statt eines einzigen Vertragswerks nun zwei Vertragswerke ausarbeiten zu lassen.[5] Schließlich entstanden der Internationale Pakt für bürgerliche und politische Rechte mit dem Fokus auf Teilhaberechten und der Internationale Pakt für soziale, wirtschaftliche und kulturelle Rechte mit Fokus auf Leistungsrechten.

Selbst wenn beide Verträge in den Menschenrechtskatalogen unterschiedliche Schwerpunkte setzen und sich die Konfliktlinien des Kalten Kriegs in der Ratifikationspraxis der Staaten niederschlug, wird in beiden Menschenrechtsverträgen im ersten, wortgleichen Satz ihrer Präambel bestätigt, dass die „Anerkennung der allen Mitgliedern der menschlichen Gesellschaft innewohnenden Würde und der Gleichheit und Unveräußerlichkeit ihrer Rechte die Grundlage von Freiheit, Gerechtigkeit und Frieden in der Welt bildet [...]."

Insbesondere in den Phasen des massiven atomaren Wettrüstens und der dadurch bedingten Bedrohung der internationalen Sicherheit wurden in der internationalen Gemeinschaft Rufe nach Abrüstung laut, die explizit mit der Überzeugung verbunden wurden, dass ein Recht auf Frieden bestehe. Die Generalversammlung verabschiedete 1984 eine Erklärung über das Recht der Völker auf Frieden, in der ein *„sacred right to peace"* promulgiert wurde.[6] Der feierliche Charakter der an sich nicht-bindenden Resolution kann allerdings nicht darüber hinwegtäuschen, dass der Dissens der internationalen Gemeinschaft die Einigung auf einen breiten Friedensbegriff verhindert hatte. Vielmehr zeigten sich die Unterzeichnerstaaten überzeugt, dass „ein Leben ohne Krieg die oberste Grundvoraussetzung für materiellen Wohlstand, die Entwicklung und den Fortschritt sowie die volle Umsetzung der von den Vereinten Nationen verabschiedeten Rechte und fundamentalen Freiheiten" sei.[7]

Eine weitere zentrale Erweiterung des Friedensbegriffs ergab sich durch das gestiegene Bewusstsein von der Bedeutung des Umweltschutzes auf nationaler und internationaler Ebene in den 1970er Jahren. Die Veröffentlichung des Berichts *Die Grenzen des Wachstums* des *Club of Rome* 1972 wirkte auf die Weltöffentlichkeit wie ein Paukenschlag und führte in den Folgejahren zur Herausbildung eines internationalen Umweltschutzregimes. Obwohl die völkerrechtliche Verankerung der Normen des internationalen Umweltschutzes nur schleppend voranging und überwiegend den Charakter (noch) nicht bindender *Soft Laws* hatte, konnten in einzelnen Problembereichen Teilerfolge erzielt werden. Davon zeugt etwa das Montreal-Protokoll, mit dem die Ozonschicht schädigende Stoffe verboten wurden. Dass der Schutz der Umwelt und der natürlichen Ressourcen nicht nur im Hinblick auf künftige Generationen, sondern bereits für die Gegenwart von Bedeutung ist, wurde spätestens mit den großen Umweltkatastrophen der 1980er Jahre, etwa mit dem Reaktorunfall im ukrainischen Tschernobyl 1986 oder dem Auf-Grund-Laufen der *Exxon Valdez* 1989 deutlich. Auch nahmen bewaffnete Auseinandersetzungen angesichts der zunehmenden Knappheit mehr und mehr den Charakter von Ressourcenkonflikten an, sodass die Bemühungen, den Umweltschutz im internationalen Friedenskonzept zu verankern, schon bald intensiviert wurden. Beim Erdgipfel 1992 in Rio de Janeiro statuierte die internationale Gemeinschaft den Nexus zwischen Umweltschutz und Friede an prominenter Stelle in der Gipfelerklärung. In Prinzip 25 der Rio-Erklärung heißt es: „Friede, Entwicklung und Umweltschutz bedingen einander und sind unteilbar.“[8]

Die Verbindung von Frieden und Umweltschutz ergab sich allerdings nicht nur aus dem Umstand, dass Ressourcen zunehmend zum Gegenstand internationaler Konflikte geworden waren. Vielmehr hatte sich im Zuge des sich weitenden Friedenskonzepts zunehmend die Einsicht durchgesetzt, dass die Vernachlässigung des Umweltschutzes sich zerstörerisch auf die wirtschaftlichen, sozialen und kulturellen Ressourcen der Staaten und der internationalen Gemeinschaft als Ganzer auswirken würde. Davon zeugt etwa eine 1992 verabschiedete Erklärung des UN-Sicherheitsrats: „Die Abwesenheit des Kriegs und militärischer Konflikte zwischen Staaten allein sichert noch keinen internationalen Frieden und Sicherheit. Die nicht militärischen Quellen der Instabilität in ökonomischen, sozialen, humanitären und ökologischen Belangen sind zu Gefahren für Frieden und Sicherheit geworden."[9] Spätestens mit der Verabschiedung der Nachhaltigen Entwicklungsziele ist die Verbindung zwischen Klima- und Umweltschutz einerseits und dem internationalen Frieden andererseits zur Grundüberzeugung der Staatengemeinschaft geworden. Insbesondere die sich verschärfenden klimatischen Bedingungen weltweit führen zu neuen Verteilungskonflikten oder wirken sich auf bereits schwelende wirtschaftliche und soziale Konflikte wie Brandbeschleuniger aus. Hatte UN-Generalsekretär Boutros Boutros-Ghali bereits 1992 in der *Agenda for Peace* gefordert, die internationale Friedenssicherung müsse sich auf mehr als nur militärische Gefahren konzentrieren und auch die ökologische Dimension berücksichtigen, so mahnte 2023 UN-Generalsekretär António Guterres in der *New Agenda for Peace* an, dass der Klimawandel eines der Hauptrisiken für den Weltfrieden darstelle: „Wo der Klimawandel Flüsse austrocknet, kritische Infrastruktur zerstört und Bevölkerungsgruppen vertreibt, verschärft er die Risiken von Instabilität und Konflikt."[10] Auch in der von der deutschen Bundesregierung 2023 erstmals verabschiedeten Nationalen Sicherheitsstrategie wird der Kampf gegen den Klimawandel als „eine der fundamentalen und zugleich drängendsten Aufgaben dieses Jahrhunderts“[11] bezeichnet.

Parallel zur Weiterentwicklung des Friedensbegriffs innerhalb der internationalen Gemeinschaft von einem auf die Abwehr des Kriegs gerichteten hin zu einem die Lebensgrundlagen sichernden Konzept hat innerhalb der Vereinten Nationen auch eine Fortentwicklung der friedenssichernden Maßnahmen stattgefunden. Während zu Beginn der UN-Friedensmissionen der Fokus der Staatengemeinschaft ausschließlich auf der Wahrung des Friedens (*peacekeeping*) nach bereits geschlossenem Waffenstillstand gelegen hatte, fand zunehmend eine Ausweitung der Aktivitäten auf die Phasen der Konfliktprävention (*conflict prevention*) und des Konflikts selbst (*peacemaking* bzw. *peace enforcement*) statt.[12]

Der anhand exemplarischer Meilensteine veranschaulichte Wandel des Friedensbegriffs war und ist allerdings bisweilen massiver Kritik ausgesetzt. Einerseits ist die Ausweitung des Friedensbegriffs mit neuen – teils auch völkerrechtlich verbindlichen – Verantwortlichkeiten der internationalen Gemeinschaft bzw. der einzelnen Staaten verbunden. Teile der Staatengemeinschaft befürchten angesichts der Erweiterung insofern die Erosion der staatlichen Souveränität. Andererseits wird vielfach kritisch angemerkt, dass die stetig neue Erweiterung des Friedensbegriffs zu dessen sukzessiver Aushöhlung führe. Wenn sich der Friedensbegriff auf beinahe alle Dimensionen des Zusammenlebens beziehen lässt, kann er dann überhaupt noch sinnvoll verwendet bzw. rechtsverbindlich operationalisiert werden? Sinkt nicht die Bereitschaft zur Akzeptanz des Konzepts als Ganzem, wenn der Friedensbegriff um immer neue Facetten erweitert wird und damit die Angst geschürt wird, es könne sich dabei um ein Fass ohne Boden handeln? Und noch grundlegender: Leben sozialwissenschaftliche Konzepte nicht letztlich von ihrer Trennschärfe?

Es kann nicht bestritten werden, dass nicht tatsächlich ein fundamentaler Wandel des Friedenskonzepts stattgefunden hätte, der auch eine Erweiterung impliziert. Allerdings handelt es sich bei den Erweiterungen nur auf den ersten Blick um Neuerungen. Bei näherem Hinsehen wird man feststellen müssen, dass zur Wahrung des Friedens wirtschaftliche, soziale und ökonomische Rahmenbedingungen nicht erst seit Gründung der Vereinten Nationen berücksichtigt wurden oder zumindest hätten berücksichtigt werden müssen. Bei der Weiterentwicklung des Friedensbegriffs handelt es sich insofern nicht um eine Erfindung neuer Facetten; vielmehr hat die Staatengemeinschaft sich deren grundlegende und für den Frieden konstitutive Bedeutung neu ins Bewusstsein gerufen. Schließlich ist dieses Bewusstsein Voraussetzung dafür, dass die Friedensarbeit auf allen Ebenen möglichst wirksam gestaltet werden kann. War in den internationalen Beziehungen lange Zeit von einem *top-down*-Konzept des negativen Friedens ausgegangen worden, hat sich mittlerweile ein Paradigmenwechsel hin zu einem *bottom-up*-Konzept des positiven Friedens vollzogen. Insofern kommt der Zivilgesellschaft in der Friedenssicherung eine fundamentale Bedeutung zu. Die Präambel zur Verfassung der UNESCO bringt dies in einer prägnanten Formel auf den Punkt: „Wenn der Krieg von den Köpfen der Menschen ausgeht, dann muss auch die Verteidigung des Friedens von diesen ausgehen."

Mit diesem Befund geht eine zentrale Einsicht einher: Die Friedensbewegung darf mit ihrem Engagement nicht dabei stehen bleiben, bei politischen Entscheidungsträger:innen Lobbyarbeit zu betreiben; so wichtig diese Dimension des friedenspolitischen Engagements ist, so entscheidend ist es auch, in die jeweiligen politischen, wirtschaftlichen und sozialen Rahmenbedingungen – kurz: in die Mitte der Gesellschaft – hineinzuwirken. Friedenserziehung, Versöhnungsarbeit und Vergangenheitsbewältigung sind gerade vor dem Hintergrund der deutschen Geschichte eminente Felder der Friedensarbeit.

Die Friedensbewegung sollte die Reichweite des eigenen Engagements aus einem weiteren Grund nicht zu sehr begrenzen. Wenn das Konzept des Friedens maßgeblich durch politische, wirtschaftliche, soziale und ökologische Faktoren mitgeprägt wird, so hat die Friedensbewegung letztlich selbst das Potenzial, den Friedensbegriff weiterzuentwickeln, und hat dies in der Vergangenheit auch tatsächlich getan. Insbesondere die Erweiterung des Konzepts um die ökologische Dimension ging maßgeblich auf das Engagement der nationalen Friedensbewegungen zurück, die damit gar die Anfänge einer internationalen bzw. transnationalen Zivilgesellschaft bildeten.[13]

Angesichts dieses Potenzials der Friedensbewegung ist es besonders dramatisch, dass die Friedensbewegung in die Krise geraten ist und die gesellschaftliche Anschlussfähigkeit verloren zu haben scheint. Wenn die Friedensbewegung ihrer vornehmsten Aufgabe, gesellschaftlichen und politischen Wandel hervorzubringen, nicht mehr gerecht zu werden vermag, sondern das Feld – wenigstens in der öffentlichen Wahrnehmung – stattdessen radikalisierten und populistischen Kräften überlässt, so ist sie obsolet geworden. Dabei zeigt gerade der Paukenschlag der russischen Invasion in die Ukraine, dass das Engagement der Friedensbewegung auf allen Ebenen dringlicher denn je ist. Nur wenn die Bewegung zu neuer Glaubwürdigkeit findet, kann sie ihre friedensethischen und -politischen Ziele erreichen. Die gegenwärtige Krisenhaftigkeit der Friedensbewegung zeigt offensichtlich auf, dass sich nicht nur der Friedensbegriff, sondern auch die Friedensbewegung selbst gewandelt hat. Was aber sind die Ursachen für die strukturellen und inhaltlichen Defizite der Friedensbewegung, die im Zuge der (ausgebliebenen)

Reaktion auf die russische Invasion in der Ukraine überdeutlich zutage getreten sind?

So verfehlt es wäre, die aktuelle Verfassung der Friedensbewegung durch vergangene Entwicklungen determiniert sehen zu wollen, so kurzsichtig wäre es auch, die gegenwärtige Situation isoliert von den historischen Rahmenbedingungen zu analysieren. Im Folgenden sollen insofern in einem ersten Schritt grundlegende Entwicklungslinien der Friedensbewegung in Deutschland analysiert werden, um vor der Hintergrundfolie dieser Erkenntnisse eine informierte Analyse der gegenwärtigen Rahmenbedingungen, Strukturen, Methoden und Ziele der Bewegung vornehmen zu können. Der inflationäre Gebrauch von Begriffen wie ‚Zeitenwende', ‚Trendwende' oder ‚Paradigmenwechsel' in der friedenspolitischen wie auch -ethischen Debatte mag vor dem Eindruck des russischen Angriffskriegs auf europäischem Boden verständlich sein. Es wäre allerdings überstürzt und unbegründet, wenn die Friedensbewegung ihre Grundüberzeugungen mit einem Male über Bord werfen wollte. Will sie ‚das Kind nicht mit dem Bade ausschütten' und die Herausforderungen der Gegenwart langfristig bewältigen, so ist sie gut beraten, weder in Selbstzufriedenheit zu verharren noch in Aktionismus zu verfallen.

Die sicherheitspolitischen Herausforderungen unserer Zeit erfordern eine Antwort. Um mit dieser Antwort die Weichen für einen Neubeginn der Bewegung stellen zu können, ist die nüchterne Analyse und historische Einordnung ihrer Ursprünge und Entwicklung unabdingbar.

3. Die historischen Ursprünge der Friedensbewegung

Unter 36 Jahren alt, höhere Schulbildung (Abitur) und „kein fester CDU/CSU-Wähler".[1] Darüber hinaus eine postmaterialistische Einstellung und Tendenz zu Formen „unkonventionellen Verhaltens, das heißt, etwa zu Protesten, Demonstrationen oder Bürgerinitiativen."[2]

So beschreibt der Politologe Günther Schmid in einem Aufsatz im Jahr 1984 das typische Mitglied der Friedensbewegung. Ein Blick auf die aktuellen Mitglieder der Friedensbewegung zeigt, dass die Diskrepanz zu Günther Schmids Analyse kaum größer sein könnte. Bei den Friedensdemonstrationen infolge des russischen Angriffskriegs gegen die Ukraine gingen zwar Hunderttausende auf die Straße, darunter auch etliche junge Menschen, auf die Schmids Personenbeschreibung zutreffen könnte. In der überwiegenden Mehrheit beteiligten sich diese jungen Menschen aber sporadisch und anlassbezogen an den Demonstrationen und Kundgebungen und können insofern nicht als ‚Mitglieder' der Friedensbewegung im engeren Sinne bezeichnet werden. Wollte man – ausgehend von den Friedensdemonstrationen, Kundgebungen und Ostermärschen der jüngeren Vergangenheit – eine Persona des typischen Mitglieds der Friedensbewegung entwerfen, so trüge diese dennoch ähnliche Persönlichkeitsmerkmale wie die von Schmid beschriebene: höhere Schulbildung, politisch eher dem linken Spektrum zuzurechnen, postmaterialistische Grundeinstellung und Protest- und Mobilisierungsbereitschaft. All diese Merkmale sind damals wie heute prägend für die Anhänger:innen der Friedensbewegungen. Einen kleinen, aber nicht unbedeutenden Unterschied gibt es allerdings: die Altersstruktur. Wurde die Friedensbewegung der 1980er Jahre in den beiden deutschen Staaten überwiegend von jungen Menschen getragen, die ihrer Unzufriedenheit mit der sicherheitspolitischen Grundhaltung ihrer Regierung Ausdruck verliehen, so sind es heute überwiegend Menschen fortgeschrittenen Alters.

Das ist bei genauerem Hinsehen wenig überraschend und erweist sich für die Zukunft der Bewegung als fatal: Man wird nicht umhinkommen, zu attestieren, dass die treibenden Kräfte der Friedensbewegung damals wie heute nicht nur aus dem gleichen politischen Spektrum und sozialen Milieu kommen, sondern dass es sich sogar um genau *dieselben* Personen handelt: Die 25- bis 35-Jährigen von 1984 sind heute 65 bis 75 Jahre alt und dies ist genau die Altersgruppe, die auch heute für den Friedensaktivismus mobilisiert wird.

So bitter es anmutet, so sehr drängt sich der Verdacht auf: Die Friedensbewegung in Deutschland hat den Generationenwechsel verpasst und zehrt in ihrer Mitgliederstruktur von den Mobilisierungswellen der Vergangenheit. Die Überalterung der Friedensbewegung mindert selbstverständlich nicht die Bedeutung des Engagements ihrer Mitglieder. Die Friedensbewegung nimmt auch in ihrer aktuellen Struktur eine wichtige Rolle in der bundesdeutschen Zivilgesellschaft ein und kann auf entscheidende Erfolge zurückblicken. Dennoch hat die Attraktivität der Bewegung, die eher ein Konglomerat verschiedenster Gruppen und Initiativen als eine Gruppe mit fester Mitgliedschaft ist, derart abgenommen, dass sich kaum noch junge Menschen in ihr wiederfinden.

Was aber ist zwischen den 1980er Jahren, einer Zeit, in der junge Menschen sich zu Hunderttausenden auf Kundgebungen und Demonstrationen tummelten, und heute passiert? Liegen der Mitgliederschwund und die mangelnde Attraktivität der Bewegung daran, dass junge Menschen sich nicht mehr für politische Themen im Allgemeinen und den Frieden im Besonderen begeistern lassen? Wohl kaum. Wie sonst ließe sich erklären, dass Hunderttausende Kinder und

Jugendliche – zum Teil unter Rückgriff auf radikalste Protestmethoden – für eine nachhaltige und gerechtere Klimapolitik auf die Straße gehen? Hat die unmittelbare Betroffenheit durch die Friedensthematik im Vergleich zu den 1980er Jahren so drastisch abgenommen, dass sich die Friedensbewegung überlebt hat? Oder bindet die Klimabewegung derart viel Mobilisierungspotenzial, dass das Friedensengagement auf der Strecke bleibt? Oder hat die Friedensbewegung mit der zunehmenden Etablierung und Institutionalisierung von Strukturen einfach nur das Schicksal ereilt, das letzten Endes jede soziale Bewegung, die über mehrere Jahrzehnte Bestand hat, ereilen muss?

Um die tieferliegenden Ursachen dieses verpassten Generationenwechsels zu verstehen, ist zunächst ein Blick in die Geschichte und auf die Wurzeln der Friedensbewegung in ihrer heutigen Gestalt notwendig.

Die ersten Friedensgesellschaften

Die Gründung der Deutschen Friedensgesellschaft am 21. Dezember 1892 bildet den Anfang der organisierten Friedensbewegung in Deutschland. Inmitten der militaristisch geprägten Gesellschaft des Deutschen Kaiserreichs hatten es Bertha von Suttner und Alfred Hermann Fried nicht leicht, ihre pazifistische Grundhaltung zu behaupten. Erst 1891 hatten die kolonialistischen Bestrebungen der europäischen Mächte ihren vorläufigen Höhepunkt auf der Berliner Konferenz gefunden. Da auf der internationalen Bühne nationalistisch eingefärbtes Großmachtstreben und ein ausgeprägter Militarismus Einzug gehalten hatten, hätte der Kontrast zur Agenda der Deutschen Friedensgesellschaft drastischer kaum ausfallen können. Die Gründer:innen und Mitglieder aus dem bürgerlichen Spektrum forderten einen regelbasierten Internationalismus und die Weiterentwicklung des Völkerrechts nach pazifistischen Prinzipien. Wenngleich die Bewegung im Inland zunächst allenfalls eine Randbewegung blieb, konnte sie doch von Beginn an von der internationalen Vernetzung und Unterstützung aus dem Ausland profitieren. In anderen Staaten, etwa in den Vereinigten Staaten, Großbritannien, Frankreich oder der Schweiz waren bereits früher nationale Friedensgesellschaften gegründet worden, die sich unter Berufung auf die Universalität der Menschenrechte gegen die bellizistischen Vorstöße ihrer jeweiligen Regierungen wandten. Ein zentraler Markenkern der frühen Friedensbewegungen, so auch der Deutschen Friedensgesellschaft, war, dass sie von intellektuellen Eliten getragen wurden. Ihr Ziel war nicht zuvorderst die Mobilisierung der breiten Bevölkerung, sondern vielmehr die gezielte Einflussnahme und das Lobbying für den Frieden bei den jeweiligen Entscheidungsträgern. Insofern muss man in dieser Frühphase eher von der Idee des Pazifismus und ihren politischen Implikationen als von einer Friedensbewegung nach heutigem Verständnis sprechen.[3] Eine der Leitfiguren der frühen Friedensbewegung war die Aktivistin Bertha von Suttner, deren 1889 veröffentlichte Schrift *Die Waffen nieder* in ganz Europa Widerhall fand und schon bald zum Manifest der Friedensbewegung avancierte. Die gleichnamige Zeitschrift wurde 1899 in die bis heute bestehende *Friedenswarte* umbenannt. In ihrer Rede anlässlich der Verleihung des Friedensnobelpreises 1905 brachte von Suttner ihre Vision vom internationalen Frieden zum Ausdruck und erinnerte sich dabei an ihren Bekannten Alfred Nobel, mit dem sie immer wieder auf Friedenskonferenzen zusammentraf und auch einen Briefwechsel pflegte. Alfred Nobel war schon seit Längerem Mäzen friedensaktivistischer Unternehmungen gewesen und deutete auch die finanzielle Unterstützung der gescheiterten Polarexpedition Salomon August Andrées mit einem Heißluftballon im Lichte des Friedensaktivismus. Nobel sei überzeugt gewesen, so von Suttner in ihrer Rede, dass der technologische Fortschritt und der Abenteuergeist der Idee des Friedens schrittweise den Weg bahnen würde.[4] Darüber hinaus habe der schwedische Wissenschaftler und Unternehmer die Vision eines Systems der kollektiven Verteidigung gehabt. „Wenn der Dreibund [zwischen Österreich-Ungarn, dem Deutschen Kaiserreich und dem Königreich Italien] jeden Staat einschlösse statt nur drei, dann wäre der Friede für Jahrhunderte garantiert“, so von Suttner einen Brief Nobels zitierend.[5] Die Persönlichkeiten von Alfred Nobel, Bertha von Suttner oder auch Alfred Hermann Fried, dem der Friedensnobelpreis 1911 verliehen wurde, stehen exemplarisch für die frühe Phase der beginnenden Organisation und internationalen Vernetzung des Pazifismus. Wenngleich die Bewegung zahlenmäßig unbedeutend war, verfügte sie doch über eine gewaltige politische Durchschlagskraft: So wurde von Suttner 1899 vom Initiator Zar Nikolaus II. als einzige Nichtregierungsvertreterin und Frau zur Haager Friedenskonferenz eingeladen. Gleichwohl machte sie keinen Hehl daraus, dass sie – wie viele der Pazifist:innen ihrer Zeit – den Haager Friedenskonferenzen zwiegespalten gegenüberstand. Einerseits war es als Erfolg zu werten, dass sich Vertreter der geopolitischen Hauptmächte trafen, um über das Ansinnen des Friedens zu beratschlagen. Andererseits wurde in der Weiterentwicklung des Humanitären Völkerrechts, etwa im Rahmen der Haager Landfriedensordnung, die noch heute zum Kern des Kriegsvölkerrechts zählt, eine Kapitulation vor der Existenz des Kriegs gesehen. Die Friedenskonferenzen gingen den Pazifist:innen nicht weit genug. Statt auf die grundsätzliche Ächtung des Kriegs hinzuarbeiten und die entsprechenden politischen Weichen zu stellen, begnügten sich die Entscheidungsträger in der pazifistischen Lesart damit, das Übel des Kriegs erträglicher zu machen. „Durch dieses Programm zeigt sich, wie die Anhänger der herrschenden Kriegsordnung diese letztere sogar noch auf dem eigensten Terrain der Friedensbewegung zwar modifizieren, aber aufrechterhalten wollten"[6], so die Fundamentalkritik von Suttners an den Haager Beschlüssen. Trotzdem war sie realistisch genug, zu wissen, dass bereits die völkerrechtlich verbindliche Einigung auf die Linderung des Leids im Krieg einen Erfolg darstellte, den es um jeden Preis zu verteidigen galt. So pochten die Aktivist:innen in der Folgezeit energisch auf die Einhaltung der Beschlüsse der Haager Konferenzen und forderten etwa die Errichtung des zwischenstaatlichen Haager Schiedsgerichts.

Zwar wurde 1900 tatsächlich der Haager Schiedshof als internationales Tribunal eingerichtet; die Errichtung eines bindenden und obligatorischen Schiedsgerichtshofs scheiterte jedoch am Widerstand des Deutschen Reichs. Hatte die Rotkreuz-Bewegung mit der Begründung des modernen Humanitären Völkerrechts in den Genfer Konventionen noch auf die Mäßigung der Kriegshandlungen gedrängt (*ius in bello*), so forderte die 1889 gegründete Weltfriedensunion und nationale Friedensgesellschaften ein *ius contra bellum* durch die Institutionalisierung der zwischenstaatlichen Beziehungen und die Einführung von Schiedsgerichtsbarkeiten.[7] Der Krieg sollte nicht mehr als „bloße Fortsetzung der Politik mit anderen Mitteln"[8] gelten dürfen, sondern ein für alle Mal geächtet werden. Auch wenn die Erfolge der pazifistischen Bewegung angesichts der Schrecken des Ersten Weltkriegs nur von vorübergehender Dauer waren oder ganz ausblieben, so bilden sie Meilensteine in der Geschichte des internationalen Protests. Erstmals in der Geschichte hatten sich in verschiedenen Staaten bürgerliche Bewegungen gebildet und sich zur Erreichung ihrer Ziele international vernetzt und organisiert und damit Anfänge einer globalen Zivilgesellschaft gebildet.

Die Fragilität der frühen Friedensbewegung zeigte sich schon bald im Zuge des Wettrüstens und der Spannungen am Vorabend des Ersten Weltkriegs. Die Prominenz der Verfechter:innen des internationalen Friedens hielt deren Opponenten nicht davon ab, pazifistische Bestrebungen als vaterlandsverräterisch und feige abzutun und teilweise auch zu kriminalisieren. Otto Umfrid, stellvertretender Vorsitzender der deutschen Friedensgesellschaft, brachte die von vielen Pazifist:innen empfundene Ohnmacht angesichts der bis in intellektuelle Kreise verbreiteten Kriegseuphorie drastisch zum Ausdruck: „So wie die Dinge in der Friedensbewegung lagen, hatte ich oft den Eindruck, dass man versuchte, einen in den Abgrund rollenden Lastwagen mit einem Seidenfaden aufzuhalten."[9] Der 1914 gegründete *Bund Neues Vaterland* wurde schon bald zur wichtigsten Stimme der Friedensbewegung während des Ersten Weltkriegs. Von sozialdemokratischen Kräften maßgeblich unterstützt, suchte man im Rahmen des Möglichen für die Völkerverständigung zu werben und wurde zur ‚Arbeitsgemeinschaft' (so die Selbstbezeichnung und Zwecksetzung in § 1 der Satzung) einflussreicher Persönlichkeiten des politischen und öffentlichen Lebens.[10] Außergewöhnlich war dieser Bund wiederum nicht aufgrund seines Mobilisierungspotenzials; in Spitzenzeiten gehörten ihm nur wenige hundert Mitglieder an. Bemerkenswert war vielmehr die Diversität der Hintergründe seiner Mitglieder. Zu den Mitgliedern zählten neben dem Reiter Kurt von Tepper-Laski etwa auch Albert Einstein, Kurt Eisner und Stefan Zweig. Der Bund war zudem in diplomatische Kreise hinein bestens vernetzt und machte durch die Verbreitung von Denkschriften und Eingaben an die Reichsregierung auf Defizite der Außenpolitik aufmerksam.[11] An seine Grenzen stieß ein solches friedenspolitisches Engagement freilich allein deshalb, weil viele der Zeitgenoss:innen und selbst Teile der Friedensbewegung angesichts der massiven Kriegspropaganda davon überzeugt waren, das Deutsche Reich befinde sich in einem Verteidigungskrieg. Umso bemerkenswerter ist, dass der *Bund Neues Vaterland* seine außenpolitischen Visionen schon bald mit der Forderung nach innenpolitischen Demokratisierungsmaßnahmen verknüpfte. Dem lag die Einsicht zugrunde, dass die imperialistisch-expansionistische Außenpolitik direkte Folge des innenpolitisch-autoritären Stils war.[12] Diese Verknüpfung der innen- und außenpolitischen Agenda erlaubte den Mitgliedern des *Bundes Neues Vaterland* die Zusammenarbeit mit anderen reformorientierten Kräften, etwa der USPD.[13] Obwohl der die Bewegung mit der Bezeichnung *Bund Neues Vaterland* repressive Maßnahmen der Reichsregierung umgehen wollte, wurde die Organisation – wie viele andere Friedensbündnisse und Gesellschaften – 1916 verboten. Sie konnte sich erst 1918 neu gründen und benannte sich 1922 in *Deutsche Liga für Menschenrechte* um. Diese Umbenennung war kein Zufall, da sich, nicht zuletzt bedingt durch den deutsch-französischen Hintergrund der Gründerin des *Bundes Neues Vaterland*, Lilli Janasch, im Laufe der Jahre eine intensive Zusammenarbeit mit der *Französischen Liga für Menschenrechte* ergeben hatte. Dass die Idee des Friedens und der Verständigung trotz des zeitweiligen Verbots der Friedensorganisationen Konjunktur hatte, zeigt etwa die vom Reichstag 1917 angenommene Friedensresolution. Abgeordnete des Zentrums, der Fortschrittlichen Volkspartei und der SPD kamen darin überein, dass der Krieg nur zu Verteidigungszwecken geführt und mit keinerlei Annexionsansprüchen verbunden werden dürfe: „Zur Verteidigung seiner Freiheit und Selbständigkeit, für die Unversehrtheit seines territorialen Besitzstandes hat Deutschland die Waffen ergriffen. Der Reichstag erstrebt einen Frieden der Verständigung und der dauernden Versöhnung der Völker. Mit einem solchen Frieden sind erzwungene Gebietserwerbungen und politische, wirtschaftliche oder finanzielle Vergewaltigungen unvereinbar."[14] Die Resolution blieb letztlich folgenlos, verdeutlicht aber dennoch, wie spät sich die Öffentliche Meinung hinsichtlich des Ersten Weltkriegs in Deutschland gewandelt hat. Noch 1917 ging man von einem Verteidigungskrieg aus und mühte sich um einen Ausgleich zwischen den Kriegsparteien, zumal die Kriegsmüdigkeit drastisch zugenommen hatte. Auch auf internationaler Ebene wurden verschiedene Friedensinitiativen gestartet. So versuchte etwa Papst Benedikt XV. mit seiner Note *Dès le début* den Kriegshandlungen Einhalt zu gebieten und die Konfliktparteien zu Friedensgesprächen anzuhalten. Bereits in den Jahren zuvor waren verschiedenste Initiativen des Heiligen Stuhls gescheitert und dem Papst wurde es zunehmend unmöglich, seine neutrale Position aufrechtzuerhalten. Immer wieder klagten die Parteien angesichts erlittener Kriegsverbrechen. Hatten die Päpste jahrhundertelang die augustinische Lehre vom Gerechten Krieg verteidigt, so schien Papst Benedikt XV. angesichts der immer brutaler werdenden Methoden der Kriegsführung zunehmend eine pazifistische Haltung anzunehmen.[15] Auch die nationalen Friedensbewegungen starteten 1917 neuerliche Versuche auf internationaler Ebene, Friedensverhandlungen voranzutreiben. So versammelten sich Vertreter:innen der sozialistischen Parteien Europas zur Stockholmer Friedenskonferenz, um über die Bedingungen einer Beilegung des Kriegs zu diskutieren. Die Friedensbemühungen scheiterten allerdings einerseits daran, dass in dieser Frage unter den Delegierten große Uneinigkeit bestand; andererseits scheiterte die Konferenz aus praktischen Gründen daran, dass manche Regierungen die Initiative a priori boykottierten, weil sie Friedensgespräche bei gleichzeitigem Kriegsgeschehen gegenüber den Soldaten als unmoralisch werteten. Teilweise wurde den Delegierten die Teilnahme durch die Verweigerung der Ausreise auch ganz praktisch unmöglich gemacht.

Nach dem Ende des Ersten Weltkriegs bekamen pazifistische Strömungen neuen Aufwind. Da der Krieg die Brutalität der modernen Kriegsführung – U-Boot-Angriffe, Einsatz von Giftgas, Maschinenpistolen, Bombardements aus der Luft usw. – drastisch offengelegt hatte, wuchs die Hoffnung, dass es zu einer grundsätzlichen Ächtung des Kriegs kommen würde. Der 14-Punkte-Plan des US-amerikanischen Präsidenten Woodrow Wilson ließ diese Hoffnung als durchaus begründet erscheinen. Dieser hatte am 8. Januar 1918 eine konkrete Agenda vorgestellt, mit der der Friede in Europa und darüber hinaus langfristig gesichert werden sollte. Der internationalistische Vorstoß des US-Präsidenten verband eine idealistische Ausrichtung mit der pragmatischen Forderung nach Regelbasiertheit der internationalen Beziehungen. So sollte der Friede durch konkrete geopolitische Maßnahmen, etwa die Räumung Belgiens oder die Errichtung eines eigenständigen polnischen Staates, erreicht werden. Diese Agenda sollte durch die internationale Verständigung und die Institutionalisierung langfristig gesichert werden. Völkerrechtliche Grundprinzipien, etwa die territoriale Unversehrtheit oder die prinzipielle Gleichheit der Staaten, sollten durch die Gründung eines „allgemeinen Verbands der Nationen [...] mit besonderen Verträgen zum Zweck gegenseitiger Bürgschaften für die politische Unabhängigkeit" garantiert werden.[16] Präsident Wilson war zur Einsicht gekommen, dass die Grauen des Kriegs nur dann endgültig gebannt würden, wenn die anarchischen Grundbedingungen und das Sicherheitsdefizit im internationalen System abgemildert werden könnten. Die Gründung eines internationalen Völkerbunds schien ihm ein geeignetes Mittel zur Überwindung des Sicherheitsdilemmas und zum langfristigen Vertrauensaufbau zu sein. Tatsächlich wurde in den Pariser Vorortverträgen die Errichtung eines Völkerbundes beschlossen, der – bestehend aus einem Präsidium, einem Völkerbundsrat und einer Völkerbundsversammlung – 1920 seine Arbeit aufnehmen konnte. Als Geburtsfehler der Organisation erwies sich allerdings, dass die Vereinigten Staaten als eine der Großmächte der Zeit nie Mitglied des Völkerbundes wurden. Der innenpolitische Ruf nach einer stärkeren Hinwendung zum Isolationismus war zu laut geworden, als dass sich der Wilson'sche Idealismus hätte durchsetzen können.

Tatsächlich wurden als Hauptziele des Völkerbundes die friedliche Lösung internationaler Konflikte mittels eines Schiedstribunals und die Abrüstung festgesetzt. Darüber hinaus wurden Schutzpflichten der Staaten für ihre Bevölkerung formuliert und ein internationales Hochkommissariat für Flüchtlingsfragen unter der Leitung von Fridtjof Nansen eingesetzt. Demnach waren im System des Völkerbundes erstmals Grundzüge des Menschenrechtsschutzes auf internationaler Ebene angelegt.[17] Auch wenn der Völkerbund in der Bewältigung internationaler Konflikte weitgehend versagte, war mit ihm ein Forum für die internationale Verständigung geschaffen.

Die Friedensbewegung stand der Errichtung des Völkerbunds ambivalent gegenüber. Der Erste Weltkrieg hatte drastisch vor Augen geführt, dass von der einen Friedensbewegung nicht mehr gesprochen werden konnte. Die inhaltlichen Differenzen innerhalb der Friedensbewegung bezogen sich nicht mehr nur auf die Methode zur Erreichung der pazifistischen Ziele, sondern zunehmend auch auf die Ziele selbst.

So waren Vertreter:innen des bürgerlichen Pazifismus, zu denen etwa Bertha von Suttner oder auch der spätere Friedensnobelpreisträger Ludwig Quidde zählten, davon überzeugt, dass die Institutionalisierung der internationalen Beziehungen langfristig zu Frieden und Sicherheit führen könne. Allerdings machten sie sich keine Illusionen darüber, dass die Möglichkeit des Kriegs nie vollends gebannt werden konnte. Deshalb traten sie für ein nationales bzw. kollektives Selbstverteidigungsrecht ein, das auch rechtlich verbürgt sein sollte. Tatsächlich war in der Satzung des Völkerbunds ein kollektives Verteidigungssystem vorgesehen, bei dem ein Angriff auf eines der Mitglieder – anders als im Falle der Vereinten Nationen oder auch des NATO-Vertrags – automatisch die Bündnispflicht nach sich gezogen hätte, ohne dass dem ein gemeinsamer Beschluss hätte vorausgehen müssen.

Demgegenüber traten die Vertreter:innen des radikalen Pazifismus, die sich oftmals aus einer sozialistischen Motivation heraus engagierten, für die radikale Abschaffung des Kriegs ein. Der radikale Pazifismus verband sich insofern oft mit einem starken Antimilitarismus und Aufrufen zur Kriegsdienstverweigerung. Vor dem Hintergrund der Erfahrungen der Kriegsschrecken erhielt diese Strömung besonders großen Zuspruch von Veteranen des Ersten Weltkriegs. Die bedeutendste Friedensorganisation des radikalen Pazifismus war der *Friedensbund der Kriegsteilnehmer*, der in Spitzenzeiten mehrere zehntausend Mitglieder zählte. Aus diesem Bündnis, das von Carl von Ossietzky und Kurt Tucholsky mitbegründet worden war, ging zudem die *Nie-wieder-Krieg-Bewegung* hervor. Im Zuge dieser Bewegung fanden die bis dahin größten Friedensdemonstrationen der deutschen Geschichte statt. Anlässlich des Antikriegstags, an dem zugleich an den Beginn des Ersten Weltkriegs erinnert wurde, gingen teils hunderttausende Menschen auf die Straßen.

Die sogenannten organisatorischen Pazifist:innen bemühten sich – anders als die Anhänger:innen des bürgerlichen Pazifismus, die oft als sentimental verunglimpft wurden –

darum, den Pazifismus auf ein wissenschaftliches Fundament zu stellen. Alfred Fried, einer der entschiedensten Verfechter dieses wissenschaftlichen Pazifismus, gab sich überzeugt, dass die zunehmende kulturelle, politische und wirtschaftliche Verflechtung zu einer derartigen Zunahme internationaler Interdependenzen führen würde, dass Kriege zunehmend unwahrscheinlich würden. Angesichts der Interdependenzen der ersten Globalisierungswelle in der zweiten Hälfte des 19. Jahrhunderts glaubte er, dass die Folgen der anarchischen Grundbedingung des internationalen Systems durchaus abgemildert werden könnten.[18] Der wissenschaftliche Pazifismus war allerdings massiver Kritik ausgesetzt. So warf man den Vertreter:innen vor, die Bewegung werde durch den rationalistischen Zugang ihrer Seele beraubt. „Der Pazifismus hat nunmehr eine wissenschaftliche Grundlage, die er sich zunutze macht; jedoch er selber ist nicht Wissenschaft. Er ist eine Willensrichtung, die den ganzen Menschen erfasst“, so hatte Ludwig Quidde das Ansinnen des wissenschaftlichen Pazifismus bereits 1914 kritisiert.[19]

In der Kriegs- und Nachkriegszeit fanden die verschiedenen Strömungen des Pazifismus ihren Widerhall nicht nur in Politik, Wissenschaft und Kultur, sondern schlugen sich auch in der Neugründung vieler Friedensorganisationen nieder, die von 1922 bis 1930 unter dem Dachverband *Deutsches Friedenskartell* firmierten. Auch wenn der Organisationsgrad der Friedensbewegung in dieser Zeit stark zunahm, konnte sich die Friedensbewegung auch in der Zeit der Weimarer Republik nicht zu einer Massenbewegung entwickeln. Die Mitgliederzahl der Friedensorganisationen betrug zu Spitzenzeiten etwa 90.000, sodass sie gesamtgesellschaftlich weiterhin keinen entscheidenden Einfluss ausüben konnten. Hinzu kam, dass die sich teilweise diametral entgegenstehenden Methoden und Ziele der verschiedenen Strömungen des Pazifismus das Erstarken der Gesamtbewegung verhinderten. Neben der *Deutschen Friedensgesellschaft* war der 1919 gegründete *Friedensbund deutscher Katholiken* die mitgliederstärkste Friedensorganisation der Weimarer Republik. Aus dem Spektrum des bürgerlichen Pazifismus stammend, setzten sich die Mitglieder für eine Stärkung des durch den Völkerbund begründeten internationalen Systems und insbesondere für die Verständigung des Deutschen Reichs mit Frankreich und Polen ein. Das Engagement für den Frieden aus religiösen Gründen war zum Zeitpunkt des Kriegs keineswegs ein Novum. So hatte es in der Geschichte immer wieder religiös motivierte Friedensinitiativen verschiedenster Konfessionen und Religionen gegeben. Bemerkenswert ist die Gründung dieses katholischen Friedensbündnisses jedoch besonders deshalb, weil die religiös begründete Opposition zum Krieg mit einer klaren politischen Agenda verbunden wurde und sich die Bewegung organisierte Strukturen gab, anstatt sich anlassbezogen zu formieren und *ad hoc* zu handeln. Trotz der Begründung des Friedensengagements im Rückgriff auf die jesuanische Ethik und die katholische Soziallehre standen die meisten Ortsbischöfe dem *Friedensbund Deutscher Katholiken* allerdings kritisch bis ablehnend gegenüber. Zu groß schien der Einfluss sozialistischer und modernistischer Strömungen, die von den Päpsten in ihren Enzykliken immer wieder verurteilt worden waren. Hinzu kam, dass das katholische Milieu im Deutschen Reich eher dem rechtskonservativen Spektrum zuzurechnen war und insofern einen wenig empfänglichen Nährboden für die Ideen der Friedensbewegung darstellte.

Eine Ausnahme bildete der Münchner Erzbischof Michael Kardinal von Faulhaber, der den Friedensbund nach Kräften unterstützte und 1932 – in einer Zeit, in der der Friedensbund das Erstarken des Nationalsozialismus bereits massiv bekämpfte – zum Protektor der Bewegung wurde.[20] Für die Gründung des Friedensbunds war insbesondere die

Friedensinitiative Papst Benedikt XV. während des Ersten Weltkriegs ein zentraler Referenzpunkt geworden. Auch wenn prominente Vertreter des Friedensbunds, so auch Kardinal Faulhaber, prinzipiell an der Lehre vom gerechten Krieg festhalten wollten, galt es ihrer Meinung nach den Krieg – unabhängig von dessen Rechtfertigung – angesichts der Brutalität moderner Kriegsführungspraktiken um jeden Preis zu bannen: „Jeder Krieg, auch der notwendigste, auch der gerechteste, ist eine Wunde der christlichen Weltordnung."[21] Die Persönlichkeit Kardinal Faulhabers steht exemplarisch für den Gesinnungswandel vieler Anhänger:innen der Friedensbewegung. Noch auf dem Katholikentag von 1922 in München war es zum öffentlichen Eklat gekommen, weil Faulhaber die Entstehungsbedingungen der Weimarer Republik massiv kritisiert hatte. Aus seiner monarchistischen Grundüberzeugung keinen Hehl machend, zweifelte er unter tosendem Applaus die Legitimität der jungen Demokratie an und geriet so in einen Disput mit dem damaligen Kölner Oberbürgermeister und Präsidenten des Katholikentags Konrad Adenauer, der die politischen Einlassungen des Kirchenführers massiv kritisierte und in seiner Schlussansprache bedauerte, dass der an Glaubensfragen orientierte Katholikentag unnötig politisiert worden sei.[22] Die öffentliche, wenn auch implizite Kritik an einem Kirchenführer machte auf drastische Weise deutlich, dass die während der Zeit des Kaiserreichs so lange bewahrte Einheit von Thron und Altar endgültig zerbrochen war. Am 13. November 1918, nur wenige Tage nach Ausrufung der Republik durch Philipp Scheidemann und Karl Liebknecht, hatte Kardinal Faulhaber noch in seinem Tagebuch geschrieben: „Heute werden die Waffenstillstandsbedingungen bekannt und seit Mittag 12.00 Uhr der Krieg zu Ende. Und doch kein heiteres Gesicht! Mehr Trauer, als wenn der Krieg begänne."[23] Unvorstellbar schien zu diesem Zeitpunkt, dass Kardinal Faulhaber wenige Jahre später zum glühenden Verfechter der Friedensbewegung werden sollte und teilweise selbst zur Zielscheibe wurde. Die Bedrohung ging so weit, dass der Erzbischof schon bei den Präsidentschaftswahlen am 13. März 1932 um seine persönliche Sicherheit fürchtete: „Man muß schon im Falle, daß Hitler nicht gewählt wird, mit einem Putsch rechnen, dann wird es blutig werden. Ich habe mich bereitet. Seit drei Tagen geräumt, geordnet, Testament neu überlesen, rückständige Zahlungen erledigt. In manus tuas Domine ... Jedenfalls aber meinen Posten nicht verlassen."[24] Auch wenn Faulhaber der Ideologie des Nationalsozialismus gegenüber kritisch eingestellt war, gilt seine Haltung gegenüber dem Dritten Reich als ambivalent, hatte er sich gegenüber Adolf Hitler doch immer wieder positiv geäußert und auch den Holocaust zu Kriegszeiten nie öffentlich verurteilen wollen.

Spätestens mit der Machtergreifung Adolf Hitlers am 31. Januar 1933 war die Friedensbewegung massiven Repressionen und Verfolgung ausgesetzt. Die deutschen Friedensorganisationen, etwa die *Deutsche Friedensgesellschaft*, wurden verboten. Führende Mitglieder der Bewegung, so zum Beispiel Carl von Ossietzky, Kurt Hiller, Ludwig Quidde oder Anna Siemsen, flohen ins Ausland. Andere Pazifisten wie der Schriftsteller Erich Mühsam wurden noch im Februar 1933 verhaftet und starben im KZ Oranienburg. Dabei kam die Machtergreifung für viele der Vorkämpfer:innen der Friedensbewegung keineswegs überraschend. Schon früh hatten sie die von der nationalsozialistisch-antisemitischen Ideologie ausgehenden Gefahren erkannt und auf verschiedenste Weisen zum Widerstand aufgerufen. So hatte Erich Mühsam unentwegt auf eine Mobilisierung der Arbeiterschaft gegen den Nationalsozialismus hingewirkt: „Die einzige Kraft, die imstande wäre, Hitlers Machtergreifung zu verhindern, ist der verbundene Wille der vom Nationalsozialismus nicht verwirrten deutschen Arbeiterschaft", so sein Credo des Widerstands.[25] Dass sich mit den prominentesten Vertreter:innen der Friedensbewegung die Triebfedern des Aktivismus ins Ausland abgesetzt hatten, bedeutete allerdings noch nicht, dass die Bewegung vollends verstummt wäre. Durch die exilierten Mitglieder verdichtete sich das internationale Netzwerk der Friedensbewegung und viele versuchten aus dem Ausland nach Kräften, auf den Frieden im Deutschen Reich hinzuwirken. So ist es nicht verwunderlich, dass Friedensbewegung und Widerstandsbewegung im Dritten Reich Hand eng miteinander verbunden waren. Obwohl sich viele Widerstandskämpfer:innen aus dem Kreis der Mitglieder der organisierten Friedensbewegung der Weimarer Republik rekrutierten, kann von einer vollständigen Kongruenz jedoch nicht gesprochen werden. Während die Friedensbewegung schon jahrzehntelang von einer pazifistischen Agenda getragen war und über einen vergleichsweise hohen Organisationsgrad verfügte, konstituierte sich der individuelle oder kollektive Widerstand gegen den Nationalsozialismus oft *ad hoc* und ohne Rekurs auf eine explizit pazifistische Agenda.

Die Verfolgung der Friedensbewegung durch die Nationalsozialisten lag allerdings nicht ausschließlich in deren pazifistischer Agenda begründet. Vielmehr wurden die Ressentiments gegenüber der Bewegung schon früh mit antisemitischen Narrativen angereichert. Insofern war die Verfolgung in den Augen der Nationalsozialisten nicht nur aus praktischen Gründen geboten, sondern hatte angesichts der jüdischen Wurzeln vieler Vordenker:innen der Friedensbewegung vermeintlich auch einen ideologischen Unterbau. Alfred Rosenberg, Chefideologe des nationalsozialistischen Regimes, hatte seinem antisemitisch aufgeladenen Hass gegen pazifistische Strömungen bereits in seiner Schmähschrift *Der Mythus des 20. Jahrhunderts* freien Lauf gelassen: „Dieses schreibende Spießbürgertum von heute verfault jedoch trotz aller Hymnensänger inmitten der jüdischen Reklame bei lebendigem Leibe: es lallt noch etwas von Menschheit, Völkerfrieden, Gerechtigkeit und hat doch selbst kein Gramm blutvollen echten Menschentums zu vergeben."[26] Alfred Rosenberg verband die Verfolgung pazifistischer Bestrebungen im Dritten Reich zudem mit einer stark antichristlichen Polemik und kritisierte den modernen Pazifismus als Ausfluss der in seinen Augen verweichlichten christlichen Ideologie. Anhänger:innen des Pazifismus wie auch des Christentums seien demnach konsequent zu verfolgen. Nach einem geschichtsklitternden Abriss zum Umgang des Römischen Reichs mit den Christ:innen kommt er hinsichtlich der Christenverfolgungen unter Kaiser Diokletian zu einem radikalen wie eindeutigen Schluss: „Der Staat griff dann endlich zwecks Selbstverwaltung zur Abwehr – ähnlich wie heute Deutschland, will es nicht ganz untergehen, die pazifistische Bewegung ausrotten muss."[27]

Dass die Friedensbewegung dem Nationalsozialismus ein Dorn im Auge war, zeigt sich bereits mit der Veröffentlichung der ersten deutschen Ausbürgerungsliste vom 25. August 1933, auf der neben hochrangigen Politikern auch führende Köpfe der Friedensbewegung, etwa die Schriftsteller Lion Feuchtwanger und Kurt Tucholsky oder der Mathematiker Emil Gumbel, standen.

Der *Friedensbund deutscher Katholiken* war eines der wenigen Friedensbündnisse, das nach der Machtergreifung der Nationalsozialisten noch vorübergehend Bestand hatte. Adolf Hitler schreckte vor einem sofortigen Verbot zunächst noch zurück, weil er auf die Stimmen der bürgerlich-katholisch getragenen Zentrumspartei angewiesen war und zudem die Verhandlungen über das Konkordat mit dem Heiligen Stuhl zu einem guten Ende bringen wollte. Angesichts der ausbleibenden Unterstützung des Bunds durch die Bischöfe sahen sich dessen Mitglieder allerdings zunehmend isoliert und mussten ihre Aktivitäten nach dem Verbot vom 1. Juli 1933 im Widerstand fortführen. Auch wenn sich prominente Vertreter:innen beider Kirchen gegen das nationalsozialistische Regime stellten, können die Kirchen in dieser Zeit nicht pauschal zur Friedensbewegung gerechnet werden. Dass die Grenzen zwischen Unterstützung, schweigender Zustimmung, Indifferenz, stiller Ablehnung oder offenem Widerstand zum Nationalsozialismus bisweilen verschwommen, zeigt sich nicht nur an der globalen Positionierung der Kirchen, sondern auch an Einzelschicksalen. So war der protestantische Pastor Martin Niemöller zunächst glühender Verfechter der nationalsozialistischen Ideologie, bevor er selbst zunehmend ins Fadenkreuz der Nationalsozialisten geriet. Niemöller hatte sich nach seiner Zeit als Marineoffizier im Ersten Weltkrieg in der Weimarer Republik in monarchistischen, rechtnationalen und -radikalen Kreisen bewegt und unterstützte deren Agenda bis hin zum offenen Antisemitismus. Erst Jahre nach der Machtergreifung wandte er sich der oppositionellen „Bekennenden Kirche" zu. Wenngleich er sich weiterhin von der nationalsozialistischen Ideologie nicht öffentlich distanzierte, führte seine offene Kritik am Regime zu seiner Verhaftung und Internierung im Konzentrationslager, wo er seiner Hinrichtung nur knapp entging. Eine grundlegende Neubewertung und Ablehnung der nationalsozialistischen Ideologie und die Hinwendung zum christlich motivierten Pazifismus vollzog Niemöller während seiner Haftzeit im Konzentrationslager. Auf diese Basis gründete denn auch sein friedenspolitisches Engagement, das ihn zu einem der bekanntesten Gesichter der Friedensbewegung der Nachkriegszeit machte.

Durch die Entwicklung von Nuklearwaffen erhielt das Engagement der Friedensbewegung zum Ende des Zweiten Weltkriegs eine neue Brisanz und Dringlichkeit. Bereits 1938 hatten Otto Hahn und Fritz Straßmann den praktischen Beweis für die Durchführbarkeit der Kernspaltung geliefert. Kurz nach der Veröffentlichung ihrer Forschungsergebnisse war die Kernspaltung auch theoretisch erklärt. Nachdem Enrico Fermi die Möglichkeit einer kontrollierten Kernspaltung aufgezeigt hatte, begannen weltweit Forschungen bezüglich der zivilen und militärischen Nutzung der Atomkraft. Albert Einstein wurde sich der möglichen verheerenden Einsatzmöglichkeiten der Kernspaltung schon früh bewusst. Auf Drängen seines ungarischen Kollegen Leó Szilárd unterzeichnete Einstein einen an den US-amerikanischen Präsidenten Franklin D. Roosevelt gerichteten Brief, in dem er vor der Entwicklung einer Atombombe durch das Deutsche Reich warnte. Er forderte die US-Administration dazu auf, der verheerenden Gefahr einer Atombombe in den Händen der Nationalsozialisten durch ein eigenes Atomprogramm zuvorzukommen. Szilárd und Einstein kamen aufgrund der kurz zuvor veröffentlichten Ergebnisse verschiedener Forscher:innen zu dem Schluss, dass die Kernspaltung in größerem Stil und deren militärischer Einsatz nur noch eine Frage der Zeit wären: „This new phenomenon would also lead to the construction of bombs."[28]

Kritisch war besonders in dieser Anfangsphase die Versorgung mit ausreichenden Mengen an Uran, dessen Vorkommen hauptsächlich in der vom Deutschen Reich besetzten Tschechoslowakei und in Belgisch-Kongo, der heutigen Demokratischen Republik Kongo, als gesichert galt. Einsteins Brief wurde dem US-Präsidenten von dessen Freund Alexander Sachs überbracht, um sicherzugehen, dass der Brief wahrgenommen würde. Franklin D. Roosevelt erkannte den Handlungsdruck sofort und veranlasste die Errichtung des geheimen *Manhattan Project* zur Entwicklung einer Atombombe unter der Leitung Robert Oppenheimers. 1941 kam auch der britische *MAUD-Report* zu dem Schluss, dass die Herstellung einer Atombombe möglich und im Falle eines Einsatzes durch das Deutsche Reich mit desaströsen Folgen verbunden wäre. Das Komitee empfahl insofern eine britisch-amerikanische Kooperation in der Entwicklung von Atomwaffen.[29] Szilárds Haltung zur Atombombe wandelte sich mit dem Voranschreiten der Arbeiten am *Manhattan Project* zusehends, zumal absehbar wurde, dass ein tatsächlicher Einsatz der Atombombe durch die Vereinigten Staaten immer wahrscheinlicher wurde. Er startete unter den in Los Alamos beteiligten Wissenschaftler:innen eine Petition, die die US-Administration mit Verweis auf die desaströsen Konsequenzen zum Unterlassen eines Atombombenabwurfs aufforderte. Der verzweifelte Versuch, durch die Vermittlung Albert Einsteins ein Treffen mit dem US-Präsidenten Roosevelt zu erreichen, scheiterte an dessen Tod im April 1945. Der für das *Manhattan Project* zuständige General Leslie Groves verhinderte zudem, dass der neue Präsident Harry S. Truman vom Inhalt der Petition Kenntnis erlangte. Als klargeworden war, dass Szilárd mit der Forderung nach dem generellen Verzicht auf den Atomwaffeneinsatz keinen Erfolg haben würde, änderte er die Strategie und forderte, dass Japan vor dem Atomwaffeneinsatz immerhin gewarnt werden solle, um eine Kapitulation zu ermöglichen. Auch diese letzte Fassung der Petition vom 17. Juli 1945 erreichte den US-Präsidenten allerdings erst nach den Atombombenabwürfen auf die japanischen Städte Hiroshima und Nagasaki am 6. bzw. 9. August 1945 und blieb somit folgenlos. Albert Einstein bekannte Jahre später im Rückblick: „Ich habe in meinem Leben einen großen Fehler gemacht – als ich den Brief an Präsident Roosevelt mit der Empfehlung zur Entwicklung der Atombombe unterschrieben habe; aber es gab eine Rechtfertigung – die Gefahr, dass die Deutschen sie produzieren würden."[30]

Bereits auf der Potsdamer Konferenz, die am 17. Juli 1945, einen Tag nach dem erfolgreichen geheimen ‚*Trinity*'-Atombombentest, wurden die Konfliktlinien zwischen den Alliierten unübersehbar. Hatte das Ziel des Siegs über die Achsenmächte insbesondere die Sowjetunion und die Vereinigten Staaten lange geeint, brach das Bündnis nun, da dieses Ziel in greifbare Nähe gerückt war, zusehends auseinander und bahnte einer systemischen Rivalität den Weg, die für die weltpolitischen Gegebenheiten der nächsten Jahrzehnte prägend werden sollte. Der britische Premierminister Winston Churchill schrieb noch 1945 in einem Telegramm an Harry S. Truman, dass sich ein Eiserner Vorhang durch Europa ziehe und insofern höchste Alarmbereitschaft geboten sei.[31] Am 22. Februar 1946 propagierte George Kennan, *Chargé d'Affaires* an der US-amerikanischen Botschaft in Moskau, in einem einflussreichen Telegramm eine Politik der Eindämmung und schloss eine langfristige friedliche Koexistenz mit der Sowjetunion aus.[32] Unter dem Eindruck des drohenden kommunistischen Einflusses in Griechenland und in der Türkei formierte sich die Truman-Doktrin, nach der ausländische Staaten in ihrem Kampf um die Demokratie auf US-amerikanische Hilfe zählen konnten. Damit war der US-amerikanische Isolationismus endgültig und langfristig überwunden. So diente auch das als *Marshall Plan* bekannte *European Recovery Program* der Vereinigten Staaten nicht nur dem Wiederaufbau in Europa, sondern sollte auch das Erstarken des kommunistischen Einflusses in den europäischen Staaten verhindern.

Der erste erfolgreiche Atomwaffentest der Sowjetunion hatte ein nukleares Wettrüsten zur Folge, im Rahmen dessen die Budgets für Verteidigungsausgaben ungekannte Ausmaße erreichten. Mit dem *National Security Act 1947* und dem *National Council Security Report 68* von 1950 hatte die radikale Aufrüstung der Vereinigten Staaten eine sicherheitspolitische Grundlage erhalten, die durch die direkten Konfrontationen zwischen den USA und der Sowjetunion, etwa im Rahmen des Indochina-Kriegs oder der Berlinblockade, zusätzliche Legitimation zu erhalten schien. Spätestens mit dem Beginn des Korea-Kriegs im Juni 1950 waren auch die letzten Kritiker:innen überzeugt, dass die mit politischer und wirtschaftlicher Einflussnahme gepaarte massive Aufrüstung zwingend notwendig sei.

Die Kriegserfahrungen während des Zweiten Weltkriegs und die Auswirkungen der sich verschärfenden Blockkonfrontation sorgten insbesondere in Deutschland für ein erneutes Erstarken der Friedensbewegung. Eine der neuen Friedensorganisationen, die sich insbesondere für die Verständigung zwischen Deutschland und Frankreich einsetzte, war der noch vor Kriegsende von französischen Bischöfen gegründete *Kreuzzug der Versöhnung zwischen Deutschland und Frankreich* – eine Initiative mit mehreren zehntausend Teilnehmer:innen, aus der später die internationale katholische Friedensorganisation *pax christi* mit ihren nationalen Sektionen entstand.

Eine der frühen Kampagnen der Friedensbewegung in der Bundesrepublik war die *Ohne-Mich-Bewegung*. Obwohl die Wiedererlangung der vollen Souveränität noch in weiter Ferne lag, fanden bereits 1950 Gespräche zwischen der Bundesregierung und der US-Administration über die deutsche Wiederbewaffnung statt. Dieser Vorstoß stieß innenpolitisch auf massiven Widerstand, war doch festgelegt worden, dass die junge Bundesrepublik bis 1955 über keine militärischen Streitkräfte verfügen dürfe. Weite Teile der Bevölkerung hegten keinerlei Ambitionen, durch eine vorschnelle Wiederbewaffnung in geopolitische Konfliktlagen hineingezogen zu werden. Diese Tendenz wurde durch den ausbrechenden Korea-Krieg weiter verstärkt, zeigte sich doch, dass der Kalte Krieg durchaus das Risiko ‚heißer' Konfrontationen barg. Konrad Adenauers massives Drängen hingegen war auch deshalb so stark, weil es in der Frage der Wiederbewaffnung möglich wurde, die Debatte um die Europäische Verteidigungsgemeinschaft strategisch mit der Wiedererlangung der von ihm angestrebten völkerrechtlichen Souveränität der Bundesrepublik zu verbinden. Die öffentliche Kontroverse wurde zusätzlich angeheizt, weil eine Wiederbewaffnung mit umfassenden Ausgabenerhöhungen und der Wehrpflicht verbunden gewesen wäre. Das apodiktische „Ohne mich!" avancierte schon bald zum Leitspruch der Friedensbewegung in der frühen Nachkriegszeit und fand insbesondere bei den Kriegsveteranen großen Widerhall. Dabei konnte in der Anfangszeit von keiner einheitlichen Bewegung gesprochen werden und auch die pazifistische Motivation der Anhänger:innen war unterschiedlich stark ausgeprägt. Während viele schlichtweg kriegsmüde waren, ohne eine ausgesprochen pazifistische Agenda zu verfolgen, verbanden andere ihr friedensaktivistisches Engagement mit der fundamentalen Opposition gegen die Blockkonfrontation und knüpften ideengeschichtlich an die frühe deutsche Friedensbewegung an. Adenauer hielt die Politisierung der Debatte für fatal und monierte in seiner Grundsatzrede zur Verteidigungsgemeinschaft vor dem Deutschen Bundestag vom 7. Februar 1952 die Agitation der Öffentlichen Meinung: „Man versucht bei uns, aber nicht nur bei uns, auch, wie mir scheint, in Frankreich, die Volksleidenschaften zu erregen und durch diese Erregung die Entscheidung der Parlamente zu beeinflussen. Ich halte ein derartiges Beginnen für gefährlich und für verantwortungslos."[33] Bereits 1950 war der Bundesinnenminister Gustav Heinemann aus Protest gegen die von Adenauer angestrebte Wiederbewaffnung zurückgetreten und prominente Vertreter:innen aus Kirche und Gesellschaft, darunter auch Martin Niemöller, verschafften der *Ohne-mich-Bewegung* zunehmende Reputation. Nachdem die Französische Nationalversammlung allerdings die Entscheidung über die Annahme der Europäischen Verteidigungsgemeinschaft vertagt und damit faktisch ein Veto eingelegt hatte, verkehrte das Junktim von Deutschlandvertrag und Europäischer Verteidigungsgemeinschaft Adenauers Kalkül ins Gegenteil: Mit dem Scheitern der Verteidigungsgemeinschaft konnte auch der Deutschlandvertrag vorerst nicht ratifiziert werden.[34] War es ursprünglich der französische Ministerpräsident René Pleven gewesen, der die Errichtung der Verteidigungsgemeinschaft vorgeschlagen hatte, um das Wiedererstarken des deutschen Militarismus zu verhindern, so war es nun die Nationalversammlung, die die Gemeinschaft aus denselben Gründen ablehnte.

Als sich allerdings abzeichnete, dass der Deutschlandvertrag in leicht abgewandelter Form als Protokoll der Pariser Verträge verabschiedet werden könnte und damit auch der NATO-Beitritt der Bundesrepublik wieder in greifbare Nähe gerückt war, erstarkte der Protest mit der Paulskirchenbewegung abermals. Die Bewegung hatte zwei Hauptmotive: Einerseits blieb die Forderung nach der Unterlassung der Wiederbewaffnung bestehen. Andererseits wurde befürchtet, dass die Einbindung der Bundesrepublik in ein nordatlantisches Verteidigungsbündnis die Teilung Deutschlands auf unbestimmte Zeit zementieren würde. Gustav Heinemann wurde zu einem der Wortführer der Bewegung und bekundete anlässlich der Verabschiedung des *Deutschen Manifests* in der Frankfurter Paulskirche am 29. Januar 1955: „Die Aufstellung deutscher Streitkräfte in der Bundesrepublik und in der Sowjetzone muss die Chancen der Wiedervereinigung für unabsehbare Zeit auslöschen und die

Spannung zwischen Ost und West verstärken. Die Verständigung über eine Viermächtevereinbarung zur Wiedervereinigung muss vor der militärischen Blockbildung den Vorrang haben."[35] Trotz der bis dato größten Massenproteste in der Bundesrepublik und hunderttausender Unterzeichner:innen des Deutschen Manifests konnte auch die Paulskirchenbewegung weder die Wiederbewaffnung noch den NATO-Beitritt der Bundesrepublik verhindern. Während die Bundesrepublik am 9. Mai 1955 der NATO beitrat, wurde die DDR am 14. Mai 1955 als Gründungsmitglied Teil des Warschauer Pakts.

Bereits kurz nach dem NATO-Beitritt der Bundesrepublik zur NATO formierte sich mit der *Kampf-dem-Atomtod-Kampagne* eine weitere friedenspolitische Protestbewegung. Die Angst in der Bevölkerung, dass die Wiederbewaffnung auch die Ausstattung der Bundeswehr mit taktischen Nuklearwaffen nach sich ziehen könnte, führte zu Massenprotesten, die nicht nur gegen die deutsche Sicherheitspolitik, sondern auch gegen das allgemeine Wettrüsten der Nuklearmächte gerichtet war. Befeuert wurde diese Sorge durch das *Göttinger Manifest*, das 1957 von 18 Atomphysikern, darunter Otto Hahn, Werner Heisenberg, Fritz Straßmann und Carl Friedrich Freiherr von Weizsäcker, unterzeichnet worden war. Die Wissenschaftler gaben sich überzeugt, dass sich ein kleines Land wie die Bundesrepublik „am besten schützt und den Weltfrieden noch am ehesten fördert, wenn es ausdrücklich und freiwillig auf den Besitz von Atomwaffen jeder Art verzichtet."[36] Zugleich machten sie deutlich, dass sie sich weder „an der Herstellung, der Erprobung oder dem Einsatz von Atomwaffen in irgendeiner Weise" beteiligen würden. Der Protest blieb – zumal vorausgehende Gespräche mit dem Verteidigungsminister Franz Josef Strauß vergebens gewesen waren – nicht folgenlos und löste über die Grenzen der Bundesrepublik hinaus ein Echo der Solidarität aus.

Auch in anderen westlichen Ländern formierten sich einflussreiche Protestbewegungen, die sich untereinander zu vernetzen suchten. Das *Ständige Komitee des Weltkongresses der Kämpfer für den Frieden*, aus dem später der *Weltfriedensrat* wurde, startete 1950 mit dem *Stockholmer Appell* einen Aufruf zur Ächtung der Atombombe. Das Atomwaffenverbot sollte durch eine internationale Kontrolle durchgesetzt und der atomare Erstschlag als Verbrechen gegen die Menschheit eingestuft werden. Der Friedensappell erfuhr weltweit große Aufmerksamkeit und wurde millionenfach unterzeichnet. Letztlich blieb er allerdings wirkungslos, weil man den Initiator:innen angesichts des großen Echos in kommunistisch dominierten Staaten strategische Absichten unter dem Deckmantel der Friedensagenda unterstellte. Die Autor:innen des Appells waren sich dieses Risikos bewusst gewesen und hatten insofern im Petitionstext sowohl auf eine Verurteilung des Kriegs als auch auf die Verwendung des Friedensbegriffs verzichtet, weil dies als Sympathisieren mit der Sowjetunion hätte verstanden werden können.[37] Dennoch verpuffte der Ruf der internationalen Zivilgesellschaft nach der Ächtung der Atomwaffen und wurde zum Opfer der Blockkonfrontation, die er indirekt zu überwinden suchte.

In Deutschland und darüber hinaus avancierte der Arzt, Theologe, Musiker und Friedensaktivist Albert Schweitzer zum Vorkämpfer der *Kampf-dem-Atomtod-Bewegung*. Schweitzer war lange Zeit vor einer direkten Einmischung in politische Angelegenheiten zurückgeschreckt; dies begann sich mit der zunehmenden atomaren Aufrüstung und insbesondere den US-amerikanischen Wasserstoffbombentests zu ändern. Auf Drängen einflussreicher Freunde, unter ihnen auch Albert Einstein, engagierte sich Albert Schweitzer ab der Mitte der 1950er Jahre auch politisch. Bereits in seiner Rede anlässlich der Verleihung des Friedensnobelpreises

1952 hatte er eindringlich vor den Gefahren des durch die menschliche Hybris eingeleiteten Atomwaffenzeitalters gewarnt: „Man has become superman. [...] However, the superman suffers from a fatal flaw. He has failed to rise to the level of superhuman reason which should match that of his superhuman strength."[38] In der Folgezeit erreichte er insbesondere durch seinen über *Radio Oslo* international übertragenen und vom Friedensnobelpreiskomitee unterstützten *Appell an die Menschheit* vom 24. April 1957 große Aufmerksamkeit. In seiner Ansprache ging Schweitzer auf die Potenzierung der nuklearen Gefahr durch die Entwicklung der Wasserstoffbombe, die physikalischen Hintergründe der Radioaktivität und deren medizinische Folgen im menschlichen Körper ein. Er kritisierte, dass die Atommächte zwar fortwährend ihren Wunsch nach einem internationalen Übereinkommen zu den Atomtests bekundeten, gleichzeitig aber erklärten, sie könnten die Tests nicht beenden, solange ein solches Übereinkommen nicht bestehe: „Why do they not come to an agreement? The real reason is that in their own countries there is no public opinion asking for it."[39] Nur in Japan bestehe aufgrund der Atombombenabwürfe über Hiroshima und Nagasaki ein massiver Druck der Öffentlichen Meinung. Schweitzers friedenspolitisches Engagement in der Bundesrepublik zielte darauf, eben diesen öffentlichen Druck auf die Regierungen auszuüben. Dieses Anliegen hatte er auch mit der von Martin Niemöller geführten protestantischen *Anti-Atom-Bewegung* gemein; es ist eine Ironie der Geschichte, dass Niemöller als Erster Offizier auf der U-151 während des Ersten Weltkriegs im Hafen von Dakar ein Schiff versenkt hatte, auf dem auch Albert Schweitzer gewesen war. Letzterer schrieb Jahrzehnte später in einem Brief an Niemöller mit lakonischem Unterton: „Lieber Herr Niemöller, Sie haben mir also tatsächlich aufgelauert und nach dem Leben getrachtet. Wenn es Ihnen geglückt wäre, hätten Sie jetzt einen braven Kumpan weniger im Anti-Atom Kampf. Da es sich schon so gefügt hat, wollen wir um so besser zusammenhalten. Ihr ergebener Albert Schweitzer."[40]

Mit den Ostermärschen verstetigte sich das Engagement der Friedensbewegung. Ursprung der Ostermarschbewegung war der Aufruf der internationalen *Campaign for Nuclear Disarmament* zu einem Friedensmarsch zu Ostern 1958 gewesen. Tausende Menschen beteiligten sich an dem viertägigen Marsch vom *Trafalgar Square* in London zum britischen Atomwaffenstützpunkt *Adlermaston.* Der Protest richtete sich insbesondere gegen die Erprobung, Stationierung und Herstellung der Wasserstoffbombe in Großbritannien.[41] Der erste Ostermarsch in der Bundesrepublik fand nach britischem Vorbild 1960 als Sternmarsch aus Bremen, Hamburg, Braunschweig und Hannover zum NATO-Truppenübungsplatz Bergen-Hohne statt, um gegen die Stationierung von Atomwaffen zu protestieren. Während die Anzahl der Teilnehmenden zunächst noch gering war, wuchs die Bewegung in den Folgejahren durch die infolge der Kubakrise gewachsene Angst vor einem Atomkrieg rapide an und zählte bereits in den 1960er Jahren mehrere hunderttausend Teilnehmer:innen.[42] Für viele der Teilnehmenden war die akute existenzielle Betroffenheit einer der Hauptgründe für das friedenspolitische Engagement, zumal es sich bei der nuklearen Aufrüstung um eine Bedrohungslage bislang ungekannten Ausmaßes handelte.

Angesichts der Verstetigung des friedenspolitischen Engagements im Rahmen einer außerparlamentarischen Opposition wird in Bezug auf die frühen Ostermärsche bisweilen gar von der „Geburtsstunde der deutschen Friedensbewegung"[43] gesprochen. Einerseits wurde die Forderung nach einer atomwaffenfreien Welt schon bald um eine breitere friedenspolitische Agenda ergänzt. Auch wenn keineswegs von einer monolithischen Bewegung gesprochen werden kann und die Motivation und auch die Zielsetzungen der Teilnehmer:innen bisweilen weit auseinanderlagen, zielte sie auf eine sicherheitspolitische Entspannung des Kalten Kriegs. Andererseits prägte und verstetigte die Ostermarschbewegung neue Formen des sozialen Protests. Die Errichtung von Sitzblockaden, die Bildung von Menschenketten oder die Blockade von Atomwaffenstützpunkten sind nur einige der Formen des friedenspolitischen Protests, die die Protestkultur bis heute prägen. Der Politikwissenschaftler Andreas Buro, der bereits am ersten Ostermarsch beteiligt war, betonte im Rückblick, dass auch die Organisationsform innovativ gewesen sei, da die Bewegung „unabhängig von Parteien und großen Organisationen, aus eigener Kraft und eigener Finanzierung über Spenden eine sehr bunte, neuartige Protestkultur entwickelt hat".[44] Die organisatorische Unabhängigkeit der Bewegung impliziert allerdings nicht, dass sie nicht auch von bereits etablierten Organisationen und Initiativen der frühen bundesrepublikanischen Friedensbewegung mitgetragen worden wäre.

Bereits zum Ende der 1960er Jahre zeigte sich die Ambivalenz der Verstetigung und Ritualisierung des friedenspolitischen Engagements der Ostermarschbewegung. So war ihr Mobilisierungspotenzial abhängig von der durch die Bevölkerung wahrgenommenen sicherheitspolitischen Gefährdungslage und konjunkturellen Schwankungen unterworfen. Hinzu kam, dass die Forderungen der Friedensbewegung aufgrund ihrer allgemeinen Friedensagenda mitunter Gefahr liefen, mehr der Positionierung der Beteiligten als der konkreten und anlassbezogenen Verfolgung friedenspolitischer Ziele zu dienen. Manfred Stenner, langjähriger Geschäftsführer des *Netzwerks Friedenskooperative* sah in ebendieser Ritualisierung des friedenspolitischen Protests allerdings auch eine Stärke, da die Bewegung in Phasen sicherheitspolitischer Spannungen eine Ausgangsbasis für die Mobilisierung und erprobte Formen des Protests bot.[45]

Parallel zu den Bewegungen in der Bundesrepublik regte sich auch in der DDR Protest gegen das atomare Wettrüsten und die Stationierung von Atomwaffen. Anders als in der Bundesrepublik konnte sich dieser Protest angesichts der repressiven Strukturen des SED-Regimes allerdings nur mühsam organisieren und äußerte sich nur in seltenen Fällen spontan. Die evangelische Kirche in der DDR nahm für die ostdeutsche Friedensbewegung eine zentrale Rolle ein, da es aufgrund des Rekurses auf die christliche Ethik möglich war, friedenspolitische Forderungen zu formulieren, ohne unter den Generalverdacht gestellt zu werden, politisch motivierte Fundamentalopposition zum Regime betreiben zu wollen. Bisweilen wurden die Impulse der Friedensbewegung auch geschickt rezipiert und im propagandistischen Sinne zugunsten des Regimes umgedeutet.[46]

Nachdem in der Kubakrise ein Atomkrieg in letzter Sekunde hatte abgewendet werden können, setzte auf internationaler Ebene eine Ära der Entspannung ein. Die Atommächte erkannten die Gefahr der Proliferation von Atomwaffen an Drittstaaten, deren Anzahl infolge der fortgeschrittenen Dekolonialisierung sprunghaft angestiegen waren. Ein erster Erfolg im Atomwaffenabrüstungsregime war die Verabschiedung des Atomwaffensperrvertrags 1968. Bereits im Folgejahr nahmen die USA und die Sowjetunion die *Strategic Arms Limitation Talks* auf, die auf die Rüstungsbegrenzung zielten. Die Abrüstungsgespräche sollten einerseits eine nukleare Konfrontation verhindern; andererseits reichte die Sprengkraft der Atomwaffenarsenale bereits zu dem Zeitpunkt aus, um den Planeten mehrfach zu zerstören. Hinzu kam, dass die Kosten der Aufrüstung sowohl für die Vereinigten Staaten als auch für die Sowjetunion einen immer größeren Anteil am Staatshaushalt einnahmen und zunehmend rechtfertigungsbedürftig wurden. Ergebnis der Verhandlungen war die Verabschiedung des *Anti-Ballistic-Missiles-Treaty* 1972, in dem die beiden Staaten sich auf die Limitierung der ballistischen Raketen einigten.

Noch im selben Jahr begannen zudem die Vorkonferenzen der *Konferenz für Sicherheit und Zusammenarbeit in Europa* (KSZE). Nachdem der Ruf nach einer europäischen Plattform für sicherheitspolitische Verständigung unter Beteiligung der Sowjetunion und der USA schon seit Jahren bestanden hatte, konkretisierten sich die Forderungen in der *Schlussakte von Helsinki*. Das Dokument war in seinem Duktus bewusst als Selbstverpflichtungserklärung der unterzeichnenden Staaten gehalten. Trotz des mangelnden bindenden Charakters kam die Unterzeichnung durch die Bundesrepublik einer politischen Anerkennung der Souveränität der DDR gleich, da diese ebenfalls zu den Unterzeichnerstaaten gehörte. Die Westmächte hatten die *KSZE* aus ebendiesem Grund lange Zeit abgelehnt, zumal sie fürchteten, die deutsche Teilung damit endgültig zu zementieren. Bereits 1972 hatten die beiden deutschen Staaten den Grundlagenvertrag geschlossen und damit den Grundstein für die Annäherung gelegt, obwohl die Positionen in der Frage der Wiedervereinigung auseinanderlagen. Da eine völkerrechtliche Anerkennung der DDR dem im Grundgesetz festgelegten Ziel der Wiedervereinigung widersprochen hätte, erfolgte im Grundlagenvertrag lediglich die staatsrechtliche Anerkennung. Im Hinblick auf die *KSZE* war insbesondere der Art. 5 des Grundlagenvertrags zentral, da sich die beiden Staaten verpflichteten, „eine allgemeine und vollständige Abrüstung unter wirksamer internationaler Kontrolle, der internationalen Sicherheit dienende Bemühungen um Rüstungsbegrenzung und Abrüstung, insbesondere auf dem Gebiet der Kernwaffen und anderen Massenvernichtungswaffen“ zu unterstützen.[47]

Zum Aufschwung der Phase der Entspannungspolitik in der Bundesrepublik trugen auch die Proteste der Studentenbewegung ab 1968 bei. Nicht zufällig war deswegen auch die ideologische Annäherung an Positionen der Sowjetunion. Schon früh hatte sie die Beendigung des Vietnamkriegs in ihren Forderungskatalog aufgenommen und wurde dabei von der massiven Protestbewegung in den Vereinigten Staaten inspiriert. Dort war der innenpolitische Konsens über die Sinnhaftigkeit des Kriegs, der sich zum bis dahin längsten Konflikt unter US-Beteiligung entwickeln sollte, bereits sehr früh zerbrochen. Erhebliche Verluste der US-Truppen und das Bekanntwerden von durch US-Amerikaner verübten Kriegsverbrechen an Mensch und Natur führten zur größten Protestbewegung der US-Geschichte. Die Bilanz zum Kriegsende nach dem Fall Saigons 1975 hätte grausamer kaum ausfallen können: Etwa eine Million südvietnamesischer Soldat:innen, etwa zwei Millionen Zivilist:innen und knapp 60.000 Tausend US-amerikanische Soldaten starben während des Kriegs. Die Masse der an den physischen und psychischen Kriegsverletzungen leidenden Menschen überstieg diese Zahlen um ein Vielfaches.[48]

Die Opposition gegen den Vietnamkrieg einte die Aktivist:innen der 1968er-Revolte weltweit; sie wurde für das Erstarken einer transnationalen Friedensbewegung zum Katalysator. Verstärkt wurde dieses Moment durch den massiven internationalen Aufschrei angesichts der sowjetischen Niederschlagung von Protesten im Zuge des Prager Frühlings. Der Protest gegen den Vietnamkrieg hatte neben der internationalen auch eine innenpolitische Dimension. So führte die hohe Mobilisierungsrate dazu, dass friedenspolitische Themen noch stärker in der bundesdeutschen Protestkultur verankert wurden und in der Folge etwa auch die Zahlen der Wehrdienstverweigerer sprunghaft anstiegen.

Der Historiker Andrew Preston charakterisiert die Proteste gegen den Vietnamkrieg als Bewegung von neuer Qualität. Neu seien nicht die brutalen Methoden der US-amerikanischen Kriegsführung gewesen; vielmehr sei es das erste Mal in der US-amerikanischen Geschichte gewesen, dass – insbesondere durch die TV-Live-Berichterstattung – eine breite Öffentlichkeit über diese diskutiert habe: „Der größte Beitrag, den die Antikriegsbewegung zum politischen Diskurs leistete, bestand daher darin, diese Taktiken zum Thema und auf die mit ihnen verbundenen menschlichen Kosten aufmerksam gemacht zu machen."[49] Andrew Preston betont zugleich, dass die Protestbewegung eine derartige Kraft entfaltet habe, das sich durch die nachfolgende Anpassung des militärstrategischen Kalküls unvorhergesehene Konsequenzen ergeben hätten. Es war unmissverständlich deutlich geworden, dass die US-amerikanische Bereitschaft zur Toleranz hoher Opferzahlen nach den Kriegserfahrungen rapide gesunken war, zumal die Öffentlichkeit von der Notwendigkeit der außenpolitischen Interventionen nie hatte überzeugt werden können. Insofern bemühten sich die politischen Verantwortlichen im Zuge der *Revolution in Military Affairs* um eine gesteigerte Effizienz und ‚Sauberkeit' in der Kriegsführung. Resultat dieses Paradigmenwechsels, so Preston, seien zwar deutlich gesunkene Opferzahlen bei US-Militärs und Zivilbevölkerung gewesen. Die massive Technisierung und später auch Automatisierung der Kriegsführung habe allerdings einerseits die Hemmschwelle für den US-amerikanischen Interventionismus deutlich gesenkt, andererseits seien humanitäre Interventionen, etwa angesichts des Genozids in Ruanda, um der Vermeidung amerikanischer Kriegsopfer willen gänzlich ausgeblieben. Der Historiker folgert, dass das Erbe der Protestbewegung *nolens volens* ambivalent gewesen sei: „Doch heute steht die Friedensbewegung mit einem ironischen Erbe da: Anstatt alle Kriege zu beenden, hat sie das Pentagon veranlasst, eine neue Art der Kriegsführung zu erfinden."[50]

Wenngleich dieser Paradigmenwechsel in der Kriegsführung eine nicht intendierte Folge des friedenspolitischen Engagements gegen den Vietnamkrieg gewesen sein mag, so berechtigt dies freilich noch nicht, die Friedensbewegung dafür in Generalhaftung zu nehmen. Preston ist allerdings darin zuzustimmen, dass die Technisierung der Kriegsführung durch die Minderung der Opferzahlen zu einem relativen Rückgang des friedenspolitischen Engagements geführt hat.

Die Neue Friedensbewegung

Die Friedensbewegung in Deutschland erlebte ihren vorläufigen Höhepunkt im Zuge des Aufkommens der ‚Neuen Sozialen Bewegungen' mit den Massenprotesten gegen den NATO-Doppelbeschluss. Angesichts der massiven Aufrüstung war wiederum ein nukleares Wettrüsten zwischen der Sowjetunion und den Vereinigten Staaten ausgebrochen und die Phase der Entspannung endgültig an ihr Ende gekommen. Unter Ausnutzung der Regelungslücken des Atomwaffenkontrollregimes hatten beide Parteien ihr Arsenal an Kurz- und Mittelstreckenraketen weiter ausgebaut, um strategische Vorteile zu erringen oder wenigstens die Illusion vom Gleichgewicht des Schreckens aufrechtzuerhalten. Nachdem die Sowjetunion begonnen hatte, die in unmittelbarer Nähe Westeuropas stationierten SS-20-Raketen auszutauschen, kündigte die NATO am 12. Dezember 1979 die Stationierung neuer nuklearer Mittelstreckenraketen in Europa an und verlangte gleichzeitig von der Sowjetunion die Aufnahme neuer Verhandlungen über ein die in Europa stationierten Mittelstreckenraketen betreffendes Rüstungskontrollregime. Beide Konfliktparteien nahmen daraufhin

Abrüstungsverhandlungen in Genf auf, um die Spirale der Eskalation zu durchbrechen.

Dass die NATO-Staaten mit ihren Beschlüssen eine Gratwanderung zwischen Entspannung und Eskalation zu bewältigen suchten, war nicht zuletzt Resultat eines innenpolitischen Kalküls. Einerseits hoffte man durch die Forderung von Abrüstungsverhandlungen dem innenpolitischen Ruf nach einer erneuten Ära der Entspannung gerecht zu werden; andererseits konnten durch die Stationierung neuer Mittelstreckenraketen auch die Hardliner zufriedengestellt werden.[51] Die auf den Doppelbeschluss folgende Opposition entwickelte sich nicht nur zur mitgliederstärksten Protestbewegung in der Geschichte der Bundesrepublik, sondern wurde infolge der Debatten um die Klärung des außen- und sicherheitspolitischen Selbstverständnisses schon bald auch zum Prozess „sozialer Selbstverständigung“.[52] Die Anhänger:innen der Bewegung widersetzten sich im Zuge des von verschiedensten gesellschaftlichen Milieus und Interessensgruppen getragenen Protests vor allem der Stationierung der Atomraketen in den beiden deutschen Staaten, da diese als erste vom Ausbruch einer nuklearen Konfrontation betroffen gewesen wären, zumal das Risiko eines durch einen menschlichen oder technischen Fehler bedingten Atomkriegs bei gleichzeitiger Hochskalierung der Zerstörungskraft der Waffen immer größer zu werden schien. Verschärft wurde dieses Risiko durch unzählige ‚heiße‘ Konfrontationen und Kriege auf regionaler Ebene, die den Kalten Krieg in einen offenen Krieg zu wandeln drohten.

Einen ersten Höhepunkt erreichte der friedliche Protest gegen den NATO-Doppelbeschluss mit der Verabschiedung des *Krefelder Appells* zum Abschluss eines Forums der bundesdeutschen Friedensgruppen, das am 15. und 16. November in Krefeld stattgefunden hatte. Die rund 1.500 Delegierten forderten in der gemeinsamen Petition eine sofortige

Distanzierung der Bundesregierung vom NATO-Doppelbeschluss; der Krefelder Appell schlug über das Forum hinaus große Wellen und wurde bis 1983 rund vier Millionen Mal unterzeichnet. Bundeskanzler Helmut Schmidt geriet angesichts der immer größer werdenden Protestbewegung zunehmend unter Druck und die regierende SPD war gespalten. Altkanzler und SPD-Vorsitzender Willy Brandt und auch Egon Bahr, Bundesgeschäftsführer der SPD, sowie Herbert Wehner, Vorsitzender der SPD-Bundestagsfraktion, übten teils scharfe öffentliche Kritik an der Befürwortung der Nachrüstung durch die Bundesregierung. Innerhalb der Friedensbewegung wurden Petra Kelly, Gründungsmitglied der erstarkenden Partei Die GRÜNEN, und ihr späterer Lebensgefährte und ehemaliger Bundeswehrgeneral Gert Bastian zu den Leitfiguren des Protests. Nachdem die frühen Proteste der Bewegung ergebnislos geblieben waren, fand am 10. Oktober 1981 im Bonner Hofgarten die bis dahin größte Massendemonstration in der Geschichte der Bundesrepublik statt.

Auch in der DDR formierte sich erstmals eine von Parteiorganen unabhängige Friedensbewegung, die maßgeblich von der bisher geleisteten Friedensarbeit der evangelischen Kirche profitieren konnte. Zudem begrüßte die DDR-Führung die westdeutschen Friedensproteste, da sie die Bundesregierung schwächten und den eigenen Standpunkt in der Nachrüstungsdebatte zu stärken schienen. Wenn nicht einmal die eigene Bevölkerung die Regierungslinie der Bundesrepublik mitzutragen bereit war, so das Kalkül, konnte die Nachrüstung der NATO nicht so alternativlos sein, wie stets behauptet worden war. Petra Kelly, die 1983 in den Bundestag gewählt worden war, legte bei einem Besuch in der DDR allerdings den Finger in die Wunde. Nachdem sie gemeinsam mit anderen Friedensaktivist:innen auf dem Alexanderplatz ein Friedenstransparent mit dem Motto „Die GRÜNEN – Schwerter zu Pflugscharen“ ausgerollt hatte, war es zunächst zu einer Verhaftung durch die Behörden der DDR gekommen. Als sich herausstellte, dass es sich um einen Protest von Bundestagsabgeordneten gegen die Bundesregierung gehandelt hatte, wurden sie umgehend wieder freigelassen. Petra Kelly kritisierte Erich Honecker, der sie wenig später mit anderen grünen Politiker:innen empfing, für die Repression der Friedensbewegung innerhalb der DDR öffentlich: „Ich würde Sie bitten zu erklären, Herr Honecker, warum Sie hier verbieten, was Sie bei uns bejubeln?“[53]

Auch im Bundestag wurde die Zustimmung zum NATO-Doppelbeschluss kontrovers diskutiert. Bundeskanzler Helmut Kohl hatte schon während seiner Zeit als Oppositionsführer keinen Hehl daraus gemacht, dass er für die Friedensbewegung wenig Sympathien hegte, und warf dieser insbesondere vor, aus einem antiamerikanischen Affekt heraus vor allem die Sowjetunion zu unterstützen. Am 22. Oktober 1983 protestierten über 600.000 Menschen im Bonner Hofgarten und bildeten unter anderem eine Menschenkette um das Regierungsviertel sowie einen Menschenstern zwischen den Botschaftsgebäuden der fünf Atommächte. Altkanzler und Friedensnobelpreisträger Willy Brandt gehörte zu den einflussreichsten Rednern der Kundgebung und forderte: „Wir brauchen in Deutschland nicht mehr Mittel zur Massenvernichtung, wir brauchen weniger.“[54]

Trotz aller außerparlamentarischen Opposition gegen den NATO-Doppelbeschluss stimmte der Bundestag am 22. November 1983 mit 286 gegen 225 Stimmen bei einer Enthaltung für die Stationierung US-amerikanischer Mittelstreckenraketen auf deutschem Boden. Bereits am Tag darauf brach die Sowjetunion die Genfer Abrüstungsverhandlungen ab und der Protest der Friedensbewegung flammte ein letztes Mal auf, um die Nachrüstung doch noch zu verhindern. Es kam zu Massendemonstrationen und zu teils monatelangen Blockaden der Atomwaffenstützpunkte und Streiks.

Auch in der DDR regte sich öffentlicher Protest. So initiierte etwa der Friedensaktivist Christoph Wonneberger, der wenige Jahre später eine entscheidende Rolle in der friedlichen Revolution spielen sollte, die Aktion *Fasten für das Leben*. Die Verzweiflung vieler Anhänger:innen wird im Tagebuch eines Mitglieds deutlich, das während des Hungerfastens verfasst wurde: „Dass ich mich für das ‚Fasten für das Leben' eingeschrieben habe, hatte seine Ursache darin, dass ich mich in meinem Friedensengagement am Ende fühle."[55] Letztlich waren auch diese letzten Protestaktionen gegen den NATO-Doppelbeschluss vergeblich; noch zum Ende des Jahres 1983 wurden die ersten US-amerikanischen Pershing-II-Raketen in Westdeutschland stationiert.

Die Friedensproteste konnten ihre volle Wirkung in der Bundesrepublik wohl auch deshalb nicht entfalten, weil immer wieder der Verdacht der sowjetischen Infiltration im Raum stand und die Bewegung als Ganze diskreditierte. Bereits sehr früh erreichten diese Debatten auch den Bundestag. So richtete die CDU/CSU-Fraktion am 2. Oktober 1981 eine Kleine Anfrage an die Bundesregierung, in der um Auskunft bezüglich möglicher politischer Steuerungsversuche der Protestbewegung von außen gebeten wurden. Die Anfrage kulminierte in der Fragestellung: „Dient der Krefelder Appell nach dem Urteil der Bundesregierung objektiv der Förderung gesicherten Friedens und ausgewogener und kontrollierter Abrüstung oder einseitig den Zielen der Sowjetunion?"[56] Der Anfangsverdacht der sowjetischen Beeinflussung lag tatsächlich nahe, da der *Krefelder Appell* maßgeblich durch die *Deutsche Friedensunion*, die der Deutschen Kommunistischen Partei nahestand, organisiert worden und diese mutmaßlich auch an dessen Finanzierung beteiligt gewesen war. Zudem wurde den Initiator:innen vorgeworfen, dass zahlreiche Gruppen der Friedensbewegung durch die DDR über das *Komitee für Frieden, Abrüs-*

tung und Zusammenarbeit (KFAZ) finanziert würden. Der Bundesinnenminister antwortete im Namen der Bundesregierung auf die Anfrage, dass tatsächlich Teile der Friedensbewegung unter der Beobachtung des Verfassungsschutzes stünden, und kündigte an, im Verfassungsschutzbericht von 1980 „ausdrücklich auf den ‚Krefelder Appell' einzugehen. Dementsprechend enthält der Verfassungsschutzbericht 1980, Teil ‚Linksextremistische Bestrebungen', sowohl eine Darstellung der Entstehungsgeschichte des ‚Krefelder Appells' (S. 87) als auch im Zusammenhang mit der orthodox-kommunistischen Kampagne gegen den NATO-Doppelbeschluss eine ausführliche Darstellung der Aktivitäten der DKP, im Rahmen dieser Bündnispolitik den ‚Krefelder Appell' u. a. durch eine Unterschriftenkampagne zu unterstützen (S. 74 f.)."[57] Unabhängig davon lägen keine Informationen vor, die die Annahme einer direkten externen Finanzierung des *Krefelder Appells* von außen stützten, auch wenn das KFAZ mehrfach zu Spenden zugunsten des Appells aufgerufen habe. Dennoch habe wenigstens eine indirekte Finanzierung stattgefunden, da die DKP seit geraumer Zeit Unterstützungszahlungen aus der DDR erhalte.[58]

Die Vorwürfe der sowjetischen Einflussnahme auf die Friedensbewegung hielten sich vehement. Dazu trug bei, dass immer wieder Details über die finanzielle und organisatorische Unterstützung von Einzelpersonen oder Gruppierungen der Bewegung an die Öffentlichkeit kamen. So wurde etwa 1983 bekannt, dass die von Gert Bastian gegründete Organisation *Generale für den Frieden* seit 1980 von der DDR mit monatlich 100.000 Deutschen Mark gefördert worden war.

In der Folgezeit haben auch einflussreiche Historiker immer wieder dazu beigetragen, dass sich die These von der sowjetischen Steuerung der Friedensproteste gegen den NATO-Doppelbeschluss bis heute hält. Jeffrey Herf vertritt die These, dass die Friedensbewegung durch gezielte Steuerung aus dem Ausland erstarkt und von der Sowjetunion im Zuge der Konfrontationen des Kalten Kriegs zugunsten der eigenen Ziele instrumentalisiert worden sei.[59] Auch Gerhard Wettig kommt darin überein, dass die Friedensbewegung Opfer einer konzertierten Beeinflussungskampagne kommunistischer Kräfte geworden sei. Udo Baron sieht die *Deutsche Frieden-Union* (DFU) als Drahtzieherin in der Organisation der Protestbewegung. Zu Beginn des Jahres 1980 sei eine Delegation der DFU zu einem Treffen mit dem *Sowjetischen Komitee zum Schutze des Friedens* nach Moskau und zu weiteren Treffen in die DDR gereist. Ziel sei stets gewesen, „umgehend eine breite gesellschaftliche Massenbewegung gegen den NATO-Doppelbeschluss zu organisieren, die nach außen als demokratisch legitimiert erscheinen, nach innen aber fest in den Händen der westdeutschen Kommunisten und ihrer Bündnispartner sein musste."[60]

Holger Nehring und Benjamin Ziemann kommen in der Analyse der historischen Fakten zu einem nuancierteren Bild. Zwar hätten von Beginn an Versuche bestanden, die westdeutsche Friedensbewegung zu beeinflussen, und es sei punktuell – etwa im Rahmen der Vorbereitung des *Krefelder Appells* und der sich anschließenden Unterschriftenaktion – tatsächlich zu vereinzelten erfolgreichen Einflussnahmen gekommen.[61] Von einer umfassenden Steuerung könne aber nicht gesprochen werden. Dass sich das Bild von der gezielten Steuerung und Manipulierung der Friedensbewegung bis heute gehalten habe, hänge einerseits damit zusammen, dass es sowohl in der Sowjetunion als auch in der DDR Versuche gegeben habe, eine solche Steuerung zu erreichen. Obwohl diese niemals erreicht worden sei, ließen sich entsprechende Verlautbarungen und Gesprächsprotokolle der orthodox-kommunistischen Autoritäten allzu leicht als Belege heranziehen.[62]

Der Mythos von der sowjetischen Steuerung der Friedensbewegung erhielt durch die innenpolitische Situation in der Bundesrepublik und insbesondere infolge der Vorgänge um den Regierungswechsel 1982 zusätzlichen Auftrieb. Im Vorfeld des konstruktiven Misstrauensvotums gegen Bundeskanzler Helmut Schmidt hatte die Opposition die Spaltung der regierenden SPD angesichts der Haltung zur Friedensbewegung befeuert und den Vorwurf der gezielten Steuerung strategisch zur Schwächung der Regierung eingesetzt. In diesem Kontext sind denn auch die Kleinen Anfragen der CDU/CSU-Bundestagsfraktion einzuordnen.

Schließlich trugen auch Teile der Anhängerschaft der Friedensbewegung selbst dazu bei, dass diese angesichts der vermeintlichen Steuerung von außen in öffentlichen Misskredit zu geraten drohte. Im Zuge der Kundgebungen und Demonstrationen wurden – an die Führungsrolle der USA in der westlichen Staatengemeinschaft angelehnt – immer wieder antiamerikanische Stereotype bedient, deren Ursprung teils in den Protesten gegen den Vietnamkrieg einige Jahre zuvor zu finden ist. Hinzu kam, dass einige der Anhänger:innen der Friedensbewegung offen mit der Sowjetunion sympathisierten und die Schuld für die erneute Eskalation des atomaren Wettrüstens einseitig bei den Vereinigten Staaten suchten. Udo Baron identifizierte 2003 in den Protesten gegen den NATO-Doppelbeschluss den Beginn eines sich in den Folgejahren immer wieder manifestierenden Antiamerikanismus der Friedensbewegung, der sich bis in die Gegenwart ziehe: „Den USA und der NATO wird auch heute noch per se die Schuld an allen negativen Entwicklungen und Ereignissen auf dieser Welt gegeben. Wird der Westen selbst einmal zum Opfer, dann ist er aufgrund seiner Politik selbst schuld oder hat es gar selbst initiiert. Auch mehr als zehn Jahre nach dem Ende des Kalten Kriegs leidet die bundesrepublikanische Gesellschaft noch immer unter diesen Nachwirkungen des kommunistischen ‚Friedenskampfes'."[63]

Dass sich die Hauptkritik der Friedensbewegung im Zuge der Proteste einseitig gegen die USA bzw. die Bundesregierung richtete, mag angesichts der Vorgeschichte des NATO-Doppelbeschlusses kurzsichtig erscheinen, entspricht aber letztlich doch einer rationalen Proteststrategie. Selbst wenn die Hauptschuld für die Eskalation bei der Sowjetunion gesucht worden wäre, so hätte die Forderung nach Deeskalation zuvorderst an die eigene Regierung gerichtet werden müssen. Nichts berechtigte zu der Annahme, dass die Sowjetunion auf eine de-eskalatorische Strategie umschwenken würde; lag dies aber im Interesse der Bevölkerung, so war es am erfolgversprechendsten, die eigene Regierung dazu zu drängen. Dass die Friedensbewegung in erster Linie die eigene Regierung und die westliche Staatengemeinschaft unter der Führung der Vereinigten Staaten attackierte, war angesichts des NATO-Doppelbeschlusses insofern so folgerichtig wie verhängnisvoll.

Die Proteste gegen den NATO-Doppelbeschluss erwiesen sich – unabhängig von der Frage nach deren orthodox-kommunistischer Steuerung – für die Friedensbewegungen in beiden deutschen Staaten als überaus folgenreich. In der Bundesrepublik führte er über lange Zeit zu einer Konsolidierung der friedenspolitischen Organisationen und einer Verstetigung des zivilgesellschaftlichen Engagements. Durch den Aufstieg der als Friedenspartei antretenden Grünen verschwammen die Linien zwischen zivilgesellschaftlicher und parlamentarischer Opposition zunehmend und verhalfen der Agenda der Friedensbewegung über Jahre zu neuer Prominenz. Angesichts der öffentlichen Anfechtungen der Hintergründe, Ziele und Motive der Bewegung setzte zudem ein Prozess der friedenspolitischen Identitätsfindung und Selbstvergewisserung ein, der das Engagement vieler Friedensaktivist:innen weit über die Zeit des Kalten Kriegs hinaus motivierte.

Die Mobilisierung öffentlichen Protests infolge des NATO-Doppelbeschlusses erwies sich auch für die Zivilgesellschaft in der DDR als überaus wichtig. Einerseits hatten zivilgesellschaftliche Bündnisse und Organisationen im Zuge der Proteste erstarken können, weil die Repression einer Bewegung, deren Ziele der Friede und die Verständigung waren – Ziele, die sich die DDR selbst auf die Fahnen zu schreiben pflegte – , äußerst rechtfertigungsbedürftig war und einen immensen Imageverlust bedeutet hätte. Dass sich die Protestbewegung indirekt auch gegen den Westen richtete, ließ sich von der Staatspropaganda zudem leicht für die eigenen Zwecke instrumentalisieren. Viele der Friedensaktivist:innen der frühen 1980er Jahre sollten auch in der *Friedlichen Revolution* einige Jahre später eine Schlüsselfunktion einnehmen. Emblematisch für diese personelle wie inhaltliche Kontinuität beider Protestbewegungen steht etwa der oben erwähnte Christoph Wonneberger. Hatte er im Zuge der Proteste gegen den NATO-Doppelbeschluss die Aktion *Fasten für das Leben* initiierte, so war auch er es, der einige Jahre später die *Friedensgebete* in der Leipziger Nikolaikirche ins Leben rufen würde.

Nach dem Ende des Kalten Kriegs und der deutschen Wiedervereinigung schien für viele der Friedensaktivist:innen der lang ersehnte Traum wahr geworden zu sein: Die Blockkonfrontation begann sich zugunsten eines multipolaren Systems aufzulösen. Hatte bereits der 1987 abgeschlossene INF-Vertrag große Fortschritte in der nuklearen Abrüstung erzielt, fiel – so die von vielen gehegte Hoffnung – mit dem Ende der Sowjetunion die über Jahrzehnte vorgebrachte Rechtfertigung für die Erweiterung der Nuklearwaffenarsenale weg.

Spätestens mit dem Zweiten Golfkrieg entpuppte sich die Vision vom „Ende der Geschichte“ allerdings als Wunschtraum, sodass sich die Friedensbewegung inmitten eines neuerlichen Selbstfindungsprozesses wiederfand. In den Folgejahren vollzog sich in den Methoden der Friedensbewegung ein Paradigmenwechsel hin zur zivilen Konfliktbearbeitung. Konflikten auf lokaler, regionaler und globaler Ebene, so die Überzeugung, konnte durch bloße Massendemonstrationen kein Einhalt geboten werden; an die Stelle deklaratorischer beziehungsweise appellativer Protestformen rückte das Engagement an der Basis. Statt auf einen friedenspolitischen Wandel ‚von oben' und damit gewissermaßen eine *‚trickle-down'*-Friedensdividende zu hoffen, versuchte die Bewegung, sozialen und politischen Frieden ‚von unten' durchzusetzen. Dieser Paradigmenwechsel ging mit der Professionalisierung und teilweise auch der Institutionalisierung des friedenspolitischen Engagements einher. Ein prominentes Beispiel hierfür ist etwa die aus öffentlichen Mitteln finanzierte Einrichtung des *Zivilen Friedensdienstes* (ZFD) an der Schnittstelle von Friedenspolitik und Entwicklungszusammenarbeit.[64]

Zudem konzentrierte sich die Friedensbewegung, nachdem der Kalte Krieg als Masterframe des friedenspolitischen Engagements weggefallen war, zunehmend auf die thematische Kampagnenarbeit.[65] Ob der Kampf gegen Landminen, Streumunition oder die atomare Abrüstung: Nach dem Ende der Blockkonfrontation barg insbesondere das sowjetische Arsenal konventioneller und nuklearer Waffen ein immenses Proliferationsrisiko, da die Eigenständigkeit der sowjetischen Teilrepubliken in vielen Fällen zu sicherheitspolitischer Instabilität oder Staatszerfallskriegen führte. In vielerlei Hinsicht erweiterte sich die Arbeit der Bewegung und zeitigte teils erhebliche Erfolge. Eine Vielzahl von deutschen Friedensinitiativen und -organisationen hatte sich seit 1989 im losen Dachverband *Netzwerk Friedenskooperative* zusammengeschlossen.

Zu einem Wiederaufflammen des friedenspolitischen Engagements kam es im Zuge der Debatten um die deutsche Beteiligung an der NATO-Intervention im Kosovokrieg. Angesichts der Regierungsbeteiligung der Grünen im Schröder-Kabinett wurde der Krieg für die Friedensbewegung zur Zerreißprobe, da die Partei ihre Wurzeln in ebendieser Bewegung hatte und mit einer Friedensagenda angetreten war. Auch wenn Bundeskanzler Gerhard Schröder die deutsche Beteiligung in der Öffentlichkeit als „eine friedliche Intervention [...] mit militärischen Mitteln"[66] zu framen suchte, machten sich die Wenigsten Illusionen darüber, dass es sich bei dem Einsatz um die erste direkte Beteiligung deutscher Soldat:innen seit 1945 an Kampfhandlungen im Ausland handelte.[67]

Auch innerhalb der Friedensbewegung wurde der Einsatz kontrovers diskutiert, weil umstritten war, ob die Anwendung von militärischer Gewalt in dem Falle gerechtfertigt werden konnte, dass der Staat den Schutz seiner eigenen Zivilbevölkerung nicht garantieren konnte oder wollte. Nachdem die internationale Gemeinschaft dem Genozid in Ruanda 1994 wie auch dem Völkermord in Srebrenica im Juli 1995 weitgehend tatenlos zugesehen hatte, waren international Debatten über das Schutzkonzept der *Responsibility to Protect* (R2P) entbrannt. War im Notfall (*last resort*) die militärische Gewaltanwendung gegen einen anderen Staat rechtfertigbar oder – im Falle, dass dieser sich unfähig zeigte, der Gewalt im eigenen Land ein Ende zu bereiten – gar geboten? Oder verstieß ein solcher Einsatz gegen das Grundprinzip der souveränen Gleichheit der Staaten? Schon bald kristallisierte sich die Rechtsüberzeugung heraus, dass der Staat auch völkerrechtlich eine Schutzverantwortung gegenüber der eigenen Bevölkerung hatte. Nur im Falle, dass er diese grob vernachlässigte, bestand bei Vorliegen einer entsprechenden Autorisierung durch den UN-Sicherheitsrat die Möglichkeit eines militärischen Eingreifens durch Drittstaaten.

Davon zu unterscheiden ist das völkerrechtlich umstrittene Instrument der humanitären Intervention, die keines vorherigen Beschlusses durch den UN-Sicherheitsrat bedarf. Die NATO-Intervention *Allied Force* im Kosovokrieg war aus ebendiesem Grund besonders umstritten. Aufgrund des Vetos Russlands und Chinas gegen eine entsprechende Resolution wurde ein Mandat des UN-Sicherheitsrats nach Artikel VI oder VII der UN-Charta blockiert und der Einsatz war als humanitäre Intervention zu qualifizieren. Die Kritik der Anhänger:innen der Friedensbewegung, die zu zehntausenden auf die Straße gingen, richtete sich schon bald gegen den grünen Außenminister Joschka Fischer. Beim Parteitag der Grünen 1999 richtete sich Fischer, kurz nachdem er mit einem roten Farbbeutel attackiert worden war, auf den Kosovokrieg Bezug nehmend an seine Kritiker:innen: „Mit Sprechchören, mit Farbbeuteln wird diese Frage nicht gelöst werden. [...] Ich hätte mir auch nicht träumen lassen, daß wir Grünen unter Polizeischutz einen Parteitag abhalten müssen. [...] Aber ich stehe auf zwei Grundsätzen, nie wieder Krieg, nie wieder Auschwitz, nie wieder Völkermord, nie wieder Faschismus. Beides gehört bei mir zusammen. Deswegen bin ich in die Grüne Partei gegangen.“[68] Mit dieser Referenz zum Nationalsozialismus rekurrierte Joschka Fischer auf ein Motiv, das für die deutschen Friedensbewegungen nach dem Zweiten Weltkrieg immer wieder zentral und identitätsbildend gewesen war: die starke Ablehnung jeglicher Kriegs- und Gewalthandlungen aus der Ablehnung der Verbrechen des Nationalsozialismus. Holger Nehring hat in einer vergleichenden Studie herausgearbeitet, dass die Kriegserinnerung für die deutsche Friedensbewegung auch im europäischen Vergleich von besonderer Bedeutung ist: „Die Interventionen sind deshalb besonders in Deutschland kontrovers, weil die Proteste für den

Frieden in der Bundesrepublik immer auch die Erinnerung an Gewalt, Terror und Genozid des nationalsozialistischen Regimes aufgerufen haben."[69]

Friedensbewegung und Krieg gegen den Terror

Mit den Terrorangriffen vom 11. September 2001 begann auch für die Friedensbewegung eine neue Ära. Hatten sich die Protestdemonstrationen lange Zeit gegen zwischenstaatliche Kriegshandlungen gewendet, wurde die Sachlage mit dem von der Bush-Administration propagierten *Krieg gegen den Terror* deutlich komplizierter. Mit den Terrorangriffen vom 11. September wurde der Bündnisfall nach Art. 5 des NATO-Vertrags festgestellt, sodass ein Mechanismus der kollektiven Verteidigung in Gang gesetzt wurde. Während der Kampf gegen die afghanischen Taliban und die Terrororganisation *al-Qaida* im Rahmen der *International Security Assistance Force* (ISAF) noch vom UN-Sicherheitsrat mandatiert worden war, erstarkte der internationale Protest der Friedensbewegungen, als die Vereinigten Staaten die Invasion im Irak mit dem völkerrechtlich illegalen Konzept des Präventivkriegs zu rechtfertigen suchten. US-Außenminister Powell hatte bei einer Sitzung des Sicherheitsrats am 5. Februar 2003 vermeintliche Beweise vorgelegt, dass das irakische Regime unter Saddam Hussein im Besitz von Massenvernichtungswaffen sei und ein entsprechendes Programm zu deren Entwicklung weiterführe: „Clearly, Saddam Hussein and his regime will stop at nothing until something stops him."[70] An dieser Darstellung kamen spätestens dann massive Zweifel auf, als der Chef der UN-Rüstungskontrollkommission, Hans Blix, betonte, der Irak habe bis zum Vortag der US-geführten Invasion nach Inspektionsergebnissen der Vereinten Nationen weder Massenvernichtungswaffen besessen, noch sei er zum gegenwärtigen Zeitpunkt fähig, solche zu entwickeln.[71] Auch wenn die Vereinigten Staaten die Legitimation der Invasion mit allen Mitteln zu verteidigen suchten, erging kein entsprechendes Mandat des UN-Sicherheitsrats, sodass die Invasion von einer *Koalition der Willigen* unter US-amerikanischer Führung getragen wurde. Bundesaußenminister Joschka Fischer hatte die deutsche Ablehnung eines militärischen Eingreifens im Irak zuvor bei Reden auf der Münchner Sicherheitskonferenz 2002, vor der UN-Generalversammlung und auch dem UN-Sicherheitsrat, dessen nicht-ständiges Mitglied die Bundesrepublik zu Jahresbeginn 2003 geworden war, mehrfach unmissverständlich zum Ausdruck gebracht. Während das Ausbleiben der deutschen Beteiligung am Irakkrieg bei den transatlantischen Bündnispartnern auf harsche Kritik stieß, fand die Entscheidung in der deutschen Bevölkerung im Allgemeinen und der Friedensbewegung im Besonderen breite Zustimmung.

Der von den USA mit internationaler Unterstützung geführte Krieg gegen den Terror führte innerhalb der Friedensbewegung dazu, dass sich die antiamerikanischen Grundtendenzen, die im Laufe der Nachkriegsgeschichte entstanden waren, fortsetzten und verstärkten.

Ob die Entwicklung von Atom-, Wasserstoff- oder Neutronenbomben, NATO-Doppelbeschluss, Interventionismus in Drittstaaten oder nun der Krieg gegen den Terror: ‚Steilvorlagen' hatte die US-amerikanische Sicherheitspolitik im Laufe der Nachkriegszeit wahrlich zur Genüge gegeben. Auffallend ist dennoch, dass aufgrund der Deutungsmuster des Kalten Kriegs auch während des Kriegs gegen den Terror in der Friedensbewegung selten differenzierte und durchaus berechtigte Kritik geäußert wurde, sondern allzu häufig undifferenzierter Antiamerikanismus zutage trat. Dass eine Interpretation des westlichen Kampfes gegen den Terror in den Kategorien des Kalten Kriegs mit grobschlächtigen Pauschalurteilen in der Friedensbewegung bis heute weit verbreitet ist, beweist der Auszug aus einem Beitrag in der vom Dachverband *Netzwerk Friedenskooperative* verantworteten Zeitschrift *Friedensforum*: „Ein Militärbündnis, dem der Feind abhanden gekommen ist, wie der NATO Anfang der 1990er Jahre, sucht nach einem neuen Feind oder versucht, einen alten zu ‚reaktivieren'. Beides ist der NATO nach und nach gelungen."[72]

In der Opposition gegen den Irakkrieg gelang es der Friedensbewegung ein letztes Mal, zu Massendemonstrationen zu mobilisieren. Rund 80 Prozent der deutschen Bevölkerung lehnten den Krieg im Irak ab und so kam es zu einem breiten Bündnis, das von Friedensorganisationen, Kirchen, Gewerkschaften und den Regierungsparteien getragen wurde. Am 15. Februar 2003 demonstrierten beinahe 500.000 Menschen in Berlin gegen die unmittelbar bevorstehende Invasion, nachdem die US-Administration dem irakischen Diktator Saddam Hussein ein Ultimatum zum Verlassen des Landes gestellt hatte.

Auch wenn die Massenmobilisierung weitgehend erfolgreich verlaufen war, wurde die Friedensbewegung bei den Demonstrationen gegen den Irakkrieg vor eine neue Herausforderung gestellt. Die Antikriegsbewegung wurde zunehmend auch von rechtsextremen Kräften unterstützt und forderte die Friedensbewegung zu einer Positionierung bzw. Abgrenzung heraus. Die Virulenz dieser Frage offenbarte sich etwa bei einer Friedenskundgebung in Fürstenwalde. Bei der von einem breiten bürgerlichen Bündnis initiierten Demonstration forderte auch ein Stadtratsabgeordneter der NPD das Rederecht auf dem Podium ein. Es kam zum Eklat, als die Veranstalter:innen die Polizei riefen, die die Einreihung einer rechtsextremen Gruppe in eine Menschenkette nicht verhinderte. Nach einiger Zeit der Verhandlung wurde das Mikrofon schließlich freigegeben. Der SPD-Politiker

Günter Lahayn betonte zur Begründung zum Abschluss der Kundgebung: „Das, was wir zur Wendezeit mal skandiert haben auf den Straßen, dass wir gesagt haben, Meinungsfreiheit ist auch das Recht des Andersdenkenden. Na, dann müssen wir es auch praktizieren. Das gilt auch für solche Situationen. Auch wenn es uns unbequem ist."[73] Während die etablierten Friedensbündnisse mit der Agenda rechtsextremer Vereinigungen wenig gemein haben, war es in diesem Fall eher die antiamerikanische Grundausrichtung des Protests, der die rechtsextremen Gruppen nach einer Anschlussfähigkeit in der Friedensbewegung streben ließ: „Manchmal war die Wut auf Amerika stärker noch als die Liebe zum Frieden. Diese Wut brachte Menschen zusammen, die sonst keine gemeinsamen Themen haben: Linke, Pazifisten und: Neonazis."[74]

In der Folgezeit bis hin zu den Friedenskundgebungen infolge des russischen Angriffskriegs gegen die Ukraine ist die Friedensbewegung immer wieder in das Dilemma geraten, einerseits eine Plattform für alle „Friedensbewegten" bieten zu wollen, andererseits aber die Vereinnahmung der Bewegung durch rechte und rechtsextremistische Gruppierungen zu verhindern.

Die Kritik der Friedensbewegung am Kampf gegen den Terror intensivierte sich mit dem zunehmenden Einsatz bewaffneter und unbemannter Kampfdrohnen. Die Drohneneinsätze standen schon bald sinnbildlich für den entmenschlichten Charakter der westlichen Kriegsführung im Nahen und Mittleren Osten und lösten friedensethische wie völkerrechtliche Debatten über deren Legitimität aus. Dennoch gelang es der Friedensbewegung immer weniger, die Bevölkerung zu Friedensdemonstrationen zu mobilisieren. Obwohl sich etwa eine deutliche Mehrheit gegen eine Verlängerung des Bundestagsmandats für den Einsatz der Bundeswehr in Afghanistan aussprach, beteiligten sich nur wenige an entsprechenden Demonstrationen. Die Ursache hierfür wurde einerseits in der Wirtschafts- und Finanzkrise ab 2008, andererseits aber auch in strukturellen Defiziten der Friedensbewegung identifiziert.[75] „Wir als Friedensbewegung sind den Menschen nicht mehr nahe“,[76] bilanzierte etwa der Friedensaktivist Rainer Braun 2010, nachdem nur wenige einem Protestaufruf gefolgt waren.

In der Positionierung gegenüber der humanitären Intervention unter Führung der NATO in Libyen 2011 war die Friedensbewegung – wie auch die Bevölkerung insgesamt – gespalten. Auf Grundlage seiner *Resolution 1973* hatte der UN-Sicherheitsrat die Staatengemeinschaft dazu autorisiert, „alle notwendigen Maßnahmen“ zum Schutz der Zivilbevölkerung zu ergreifen. Nach jahrzehntelanger Diktatur durch Machthaber Muammar al-Gaddafi hatte sich im Zuge der Protestbewegung des Arabischen Frühlings eine starke Oppositionsbewegung formiert und schon bald war ein Bürgerkrieg entbrannt, in dem systematische Angriffe auf die Zivilbevölkerung erfolgten. Die Bundesregierung hatte sich im Sicherheitsrat bei der Verabschiedung der *Resolution 1973* enthalten und zog infolgedessen die massive Kritik der Bündnispartner auf sich. Auch die parlamentarische Opposition sprach sich teilweise entgegen der schwarz-gelben Koalition für eine Beteiligung an einem internationalen Militäreinsatz aus. Die Gegner der Resolution hielten den Militäreinsatz nicht etwa aus Sympathie mit Gaddafi für fatal, sondern weil sie befürchteten, eine Spirale der Gewalt und eine Dynamik der Internationalisierung des Konflikts in Gang zu setzen. Darüber hinaus bestand die Sorge, dass mit dem Militäreinsatz ein Präzedenzfall für interessengeleitete Interventionen westlicher Staaten geschaffen werden könnte, zumal an der Intervention ehemalige Kolonialmächte beteiligt waren, die in der Region noch immer manifeste geopolitische Interessen verfolgten.[77] Erfolgsversprechender schien ihnen die internationale Isolation des Machthabers – eine Strategie, die von der Staatengemeinschaft freilich schon lange Zeit vor der Intervention verfolgt und mit der *Resolution 1973* nochmals verschärft worden war.

Eine ähnliche Debattenlage in verschärfter Form bestand angesichts der vom syrischen Machthaber Bashar al-Assad begangenen Kriegsverbrechen an der syrischen Zivilbevölkerung. Zwar verfolgten auch hier weite Teile der Staatengemeinschaft die Strategie der internationalen Isolation und Sanktionierung des Regimes, allerdings ohne Erfolg. Während sich der Konflikt zusehends internationalisierte und entstehende Machtvakua von anderen Regionalmächten zu füllen gesucht wurden, zögerte der Westen in seiner Antwort. Selbst als das Regime Chemiewaffen gegen die eigene Bevölkerung einsetzte, erfolgte – jenseits der scharfen Verurteilungen – keine entschiedene Reaktion, obwohl US-Präsident Barack Obama im Vorfeld angedeutet hatte, dass ein ebensolches Verbrechen die rote Linie für eine humanitäre Intervention der Vereinigten Staaten sei.[78] Die westlichen Maßnahmen und auch die Antwort der Friedensbewegung standen in derart eklatantem Widerspruch zu den Verbrechen des durch Russland unterstützten Assad-Regimes in Syrien, dass letztere harsche Kritik selbst aus dem linken Spektrum auf sich zog. Bente Scheller monierte im Dezember 2016 – lange nachdem aus einem begrenzten Bürgerkrieg ein internationalisierter Konflikt mit einer komplexen Gemengelage entstanden war –, dass es sich weite Teile der Friedensbewegung „auf dem Besserwissersofa“ bequem gemacht hätten und in ihrer Begründung der Ablehnung einer humanitären Intervention in Syrien auf Narrative des Kalten Kriegs stützten: „Dabei spielt eine Rolle, dass einige die Welt weiterhin entlang längst obsolet gewordener Schemata begreifen, deren hartnäckigstes vielleicht der Glaube daran ist, dass allein die USA verwerflich und imperialistisch agieren und Russland dagegen Widerstand leiste.“[79] Der harschen Kritik an den Diskursmustern innerhalb der Friedensbewegung ist im Grundsatz durchaus zuzustimmen; in Untätigkeit ist die Bewegung während des Syrienkriegs dennoch nicht verharrt. Nachdem der Deutsche Bundestag die Unterstützung der französischen Streitkräfte in ihrem Syrieneinsatz durch die Bundeswehr am 4. Dezember 2015 gebilligt hatte, formierte sich etwa die Initiative *Macht Frieden. Zivile Lösungen für Syrien.* Kurzfristiges Ziel der Kampagne war, die Verlängerung des Bundeswehreinsatzes in Syrien durch gezielte Information der Bundestagsabgeordneten zu verhindern. Langfristiges Ziel war hingegen nichts weniger als ein „Paradigmenwechsel in der deutschen Außen- und Sicherheitspolitik: Weg von der kurzsichtigen, destruktiven Politik der militärischen Auslandseinsätze hin zu einer konstruktiven, gewaltarmen, auf Zivile Konfliktbearbeitung setzenden, partnerschaftlichen Ausrichtung.“[80] Auch wenn während des Syrienkriegs für Demonstrationen vergleichsweise geringe Mobilisierungserfolge in der Bevölkerung zu verzeichnen waren, griffe es zu kurz, die Friedensbewegung dafür verantwortlich zu machen. Vielmehr sind viele Organisationen und Anhänger:innen der Bewegung ihrer Devise von der Zivilen Konfliktbearbeitung treu geblieben, indem sie ihr gesellschaftliches Engagement auf die Bewältigung der infolge des syrischen Kriegs verschärften Flüchtlingskrise richteten.

4. Die Friedensbewegung zwischen Dornröschenschlaf und Hirntod

Artikelüberschriften wie „Was macht eigentlich die Friedensbewegung?“[1], „Ist das alles, was von der Friedensbewegung in Deutschland übriggeblieben ist?“[2], „Warum die deutsche Friedensbewegung so leise ist“[3] oder „Die Baisse der Friedensbewegung“[4] sind nur ein kleiner Ausschnitt der Presseberichte zur Friedensbewegung, die sich mit der Reaktion der Friedensbewegung auf den russischen Krieg gegen die Ukraine auseinandersetzen. Ist die Friedensbewegung eine von rechtsextremen Kräften und Querdenker:innen infiltrierte Bewegung, die auf die sicherheitspolitischen Fragen der Gegenwart die ewig gestrigen ideologisierten Antworten zu geben sucht? Unabhängig davon, ob man diesen Analysen zustimmt oder der Friedensbewegung gar den „Hirntod“[5] bescheinigt: Es steht außer Frage, dass die Bewegung infolge ihrer Antwort auf den Krieg gegen die Ukraine einen massiven Bedeutungs- und Ansehensverlust in der bundesdeutschen Öffentlichkeit hinnehmen musste.

Ist die allgemeine Krisenstimmung hinsichtlich der Zukunft der Friedensbewegung, die sowohl inner- als auch außerhalb der Bewegung kontrovers diskutiert wird, bloß herbeigeredet, weil deren Agenda nicht zur gesellschaftlich anschlussfähigen Mehrheitsmeinung beziehungsweise zum außenpolitischen Kurs der Bundesregierung passt? Erscheint die aktuelle Krise der Friedensbewegung vielleicht nur deshalb so groß, weil es zeitgenössischen Beobachter:innen an der notwendigen Distanz zu den Ereignissen fehlt?

Im Folgenden soll eine kritische Bestandsaufnahme der Friedensbewegung erfolgen. Dabei geht es nicht darum, in den allgemeinen Chor des ‚Bashings‘ der Friedensbewegung einzustimmen. Vielmehr ist die Identifikation und Einordnung der an der Bewegung geäußerten Kritik unabdingbar für den dringend erforderlichen Neuanfang. Selbst wenn die Friedensbewegung für das Stimmungstief in der Öffentlichen Meinung nicht verantwortlich sein sollte, muss am Ende doch die klare Einsicht stehen: Eine Friedensbewegung, die zwar an den richtigen Zielen festhält, letztlich aber über kein gesellschaftliches Mobilisierungspotenzial verfügt, ist wirkungslos und letztlich überflüssig, dient sie doch eher der Selbstvergewisserung ihrer Mitglieder als dem effektiven Hinarbeiten auf die von ihr verfolgten friedenspolitischen Ziele.

Am Reformwillen der Friedensbewegung wird sich messen lassen, ob sie langfristig in die politische Bedeutungslosigkeit abdriften wird oder ob Totgesagte am Ende länger leben. Um in der Bestandsaufnahme der Friedensbewegung das Risiko einer kognitiven Verzerrung zu verringern und von der öffentlich kolportierten punktuellen Krisenhaftigkeit der Bewegung keine ungerechtfertigten Schlussfolgerungen für die Zukunft zu ziehen, wird die Analyse vor der Hintergrundfolie der Entwicklungslinien der Vergangenheit vorgenommen. Sicherlich wäre es fehlgeleitet, aus der Analyse der Vergangenheit immer gültige Wenn-Dann-Aussagen treffen zu wollen. Auch wenn die Vergangenheit der Friedensbewegung also keine verlässliche Vorhersage über deren künftige Entwicklung zulässt, lassen sich grundsätzliche Entwicklungsmuster identifizieren, die Trends für die Zukunft ableiten lassen.

Die Basis der Friedensbewegung

Eine Grundkonstante der Friedensbewegung ist die breite zivilgesellschaftliche Basis, die sich im Laufe ihrer Geschichte konsolidiert hat und maßgeblich zu den großen Wellen der friedensaktivistischen Mobilisierung beigetragen hat. Diese Basis besteht aus drei tragenden Säulen.[6] Die erste Säule der

Friedensbewegung war und ist das Engagement der politischen Parteien sowie der diesen nahestehenden Gewerkschaften. Ob sozialdemokratische und sozialistische Strömungen seit der frühen Zeit oder die Grünen und die Linkspartei in der Hochphase der Friedensbewegung seit den 1980er Jahren: In einem parteiendemokratisch organisierten politischen System sind die politischen Parteien einerseits Kernelement politischer Willensbildung und andererseits Transmissionsriemen friedenspolitischer Präferenzen der Wählerschaft. Im Zuge der Reaktion der Friedensbewegung auf den russischen Angriffskrieg gegen die Ukraine war diese parteipolitische Säule allerdings empfindlich geschwächt.

Die grüne Partei, über Jahre hinweg Hauptträgerin des parteilich getragenen friedenspolitischen Engagements, war in der Regierungsverantwortung und stellte mit Annalena Baerbock zudem die Außenministerin. Nach der Invasion Russlands in die Ukraine am 24. Februar 2022 kristallisierte sich sehr rasch heraus, dass die Partei die von Bundeskanzler Olaf Scholz propagierte Zeitenwende, die unter anderem eine massive Aufstockung des Bundeswehretats implizierte, mittragen würde. Folge dieser politischen Entscheidung waren innerhalb der grünen Partei erbitterte Diskussionen um den friedenspolitischen Kurs der Grünen, der seit jeher zum Markenkern gehört hatte. Während Teile der Basis den neuen Kurs angesichts der sicherheitspolitischen Herausforderungen mitzutragen bereit waren, wendeten sich andere – darunter viele der langjährigen Engagierten der Friedensbewegung – enttäuscht ab.

Die öffentlich ausgetragenen Grabenkämpfe waren ein Ausschnitt der allgemeinen Spaltung der Friedensbewegung, die sich entlang ähnlicher Konfliktlinien vollzog. Sie sorgten dafür, dass öffentliche Protestaufrufe der Bewegung angesichts der Suche nach dem eigenen Standpunkt weniger wirkmächtig ausfielen. Die Linkspartei war bereits zum

Zeitpunkt der Ausweitung des Kriegs geschwächt und konnte ebenso wenig an früheres Mobilisierungspotenzial anknüpfen. Bereits seit Jahren hatten erbitterte innerparteiliche Flügelkämpfe die Linken in Atem gehalten. Spätestens, als sich herausstellte, dass Sahra Wagenknecht, die für viele der Anhänger:innen zu einer Identifikationsfigur geworden war, in ihrer Antwort auf den russischen Krieg einen – vorsichtig ausgedrückt – eigenwilligen wie medienwirksamen Kurs eingeschlagen hatte, und ihre Pläne zur Gründung einer eigenen Partei publik geworden waren, wurde offensichtlich, dass auch die Linkspartei keine Plattform für die friedenspolitische Mobilisierung bieten würde. Zu den innerparteilichen Spaltungen kam erschwerend hinzu, dass die Partei mit der erfolgten Wahlrechtsreform um ihr politisches Überleben im Bundestag kämpfen muss.

Die zweite traditionelle Säule der Friedensbewegung ist das von den christlichen Kirchen getragene friedenspolitische Engagement. Dass die Kirchen schon seit Beginn der Bewegung zu deren Haupttriebfeder gehört hatten, liegt maßgeblich daran, dass viele der Anhänger:innen ihr friedenspolitisches Engagement und insbesondere ihre pazifistische Gesinnung religiös begründeten. In der Kriegs- und Nachkriegszeit gegründete christliche Friedensorganisationen wie das *Internationale Bündnis pax christi* bestehen bis heute und haben die friedenspolitischen Debatten in der Bundesrepublik und – im Falle der Evangelischen Kirche – auch in der DDR kritisch begleitet und zentrale Impulse gegeben.[7] Auch wenn die religiöse Motivation vieler Anhänger:innen weiterhin ungebrochen ist, haben die kirchlichen Entwicklungen der letzten Jahre auch vor der Friedensbewegung nicht Halt gemacht. Hatten die Kirchen schon seit längerer Zeit den Verlust ihres volkskirchlichen Charakters zu beklagen, so verschärften der demographische Wandel und vor allem die Missbrauchsskandale der letzten Jahre diesen

Abwärtstrend. Letztere beschädigten das gesellschaftliche Ansehen besonders der katholischen Kirche empfindlich und führten zu einem Massenexodus. Zum ersten Mal in der Geschichte der Bundesrepublik ist weniger als die Hälfte der Bevölkerung Mitglied einer der beiden größten christlichen Kirchen.[8] Dass weiterhin knapp die Hälfte der Bevölkerung formelles Mitglied in einer der Kirchen ist, kann nicht darüber hinwegtäuschen, dass sich das tatsächliche Engagement innerhalb der Kirchen auf einem historischen Tiefstand befindet und der Megatrend Säkularisierung weiter fortschreitet. Dies wirkt sich auch auf die christlichen Friedensgruppen in Deutschland dramatisch aus. So zehren diese vielfach nur noch vom Engagement derer, die ab den 1970er Jahren politisiert wurden und ihrem Aktivismus im Zuge der Euphorie eines politisch verstandenen Christentums Ausdruck verleihen wollten. Auch wenn diese Mitglieder aufgrund der geburtenstarken Jahrgänge zahlenmäßig eine starke Gruppe bilden, lässt die nähere Zukunft keinen Mitgliederzuwachs erwarten.

Auch der in den christlichen Kirchen organisierte Teil der Friedensbewegung fand sich angesichts des russischen Angriffskriegs in der Ukraine in einem doppelten Dilemma wieder. Das erste Dilemma war friedensethischer Natur. Die seit Jahrzehnten propagierte Losung der Gewaltlosigkeit drohte plötzlich an ihre Grenzen zu geraten. Mehr noch, erschien die in der Bergpredigt (Mt 5,39) grundgelegte Forderung nach der Feindesliebe plötzlich als ethisch verwerflich. Bedeutete die Forderung, die andere Wange hinzuhalten, nicht ein implizites Gutheißen der Gewalt des Aggressors? Die Friedensorganisation *pax christi* reagierte auf die erbitterten Diskussionen unter den Mitgliedern mit dem Versuch einer Quadratur des Kreises. Der Bundesvorstand bekannte sich in einem Brief an die Mitglieder zu einem grundsätzlichen Festhalten am Primat der Gewaltlosigkeit. Die in der Bergpredigt geforderte Feindesliebe dürfe nur auf eigenes Handeln bezogen werden, berechtige aber keinesfalls, „diese Handlungsweise einzufordern von anderen, denen auf die rechte Wange geschlagen wird."[9] Die *Evangelische Kirche in Deutschland* (EKD) kam anlässlich der EKD-Kirchenkonferenz zum Krieg in der Ukraine in einer Stellungnahme zu einem ähnlichen Ergebnis: „Unbestritten ist das Selbstverteidigungsrecht der Ukraine im Blick auf die gegen sie gerichteten Aggressionen."[10]

Zugleich ging der Vorstand von *pax christi* in seinem Brief auf ein zweites Dilemma ein. So hatte die Friedensbewegung die von Russland ausgehende Gefahr für die europäische Sicherheit trotz der eindringlichen Warnungen osteuropäischer Staaten verkannt. Dies ist freilich ein Fehler, der nicht nur der Friedensbewegung anzulasten ist, sondern – bis zum Bekanntwerden entsprechender Geheimdienstberichte unmittelbar vor der Ausweitung des Kriegs am 24. Februar 2022 – von beinahe der gesamten westlichen sicherheitspolitischen Führung begangen wurde. Während Teile der Mitgliederschaft in das „Wir haben uns geirrt"[11] des Bundesvorstands von *pax christi* einstimmten, sahen sich andere in ihrem bereits seit Jahrzehnten gepflegten Deutungsnarrativ bestätigt. ‚Die Ukraine muss den Preis dafür bezahlen, dass der Westen und die NATO in ihrer sicherheitspolitischen Provokation Russlands zu weit gegangen sind', so ließe sich dieses auf eine Täter-Opfer-Umkehr hinauslaufende Narrativ zusammenfassen. Dieses Narrativ wurde in der Öffentlichkeit zu Recht mit massiver Kritik bedacht und führte – selbst wenn es nur von einer Minderheit vertreten wurde – zu einer zunehmenden Diskreditierung der Friedensbewegung in der Öffentlichen Meinung.

Die dritte tragende Säule der Friedensbewegung bilden überwiegend linksalternative und pazifistische Gruppen, deren Mobilisierungspotenzial in der gesellschaftlichen Breite allerdings schon seit Beginn der Bewegung geringer gewesen war. Dennoch spielen diese Gruppen im Zuge der Reaktion auf den Krieg in der Ukraine für die Wirkmächtigkeit der Friedensbewegung eine bedeutsame Rolle. So zeigten bereits die ersten Friedenskundgebungen, dass auch die Friedensbewegung nicht vor Vereinnahmungsversuchen durch radikalisierte Gruppen gefeit war. Die im Zuge der COVID-Pandemie erstarkte Gruppe der Querdenker:innen war mit ihren kruden Verschwörungstheorien schon früh auf Friedensdemonstrationen vertreten. Eine Analyse, in der die zehn mitgliederstärksten Telegramkanäle der Querdenkerszene ausgewertet wurden, kam bereits am 11. März 2022 zu dem Ergebnis, dass „mit großer Mehrheit die Position Russlands und Putins vertreten" würde.[12] Die Anhänger entschuldigten den russischen Angriffskrieg mit der vermeintlichen Provokation Putins durch die NATO und übernähmen vielfach das von Russland verbreitete Narrativ der „Entnazifizierung der Ukraine".[13] Einerseits ist die Querdenkerszene für die seit Jahren über Soziale Medien betriebene Desinformationskampagne der russischen Regierung empfänglich. Ein Grund für die Vehemenz der russlandfreundlichen Einstellung vieler Gruppen ist zudem, dass sich ein grundsätzliches Medienmisstrauen breitgemacht hat. Da die Berichterstattung vieler deutscher Leitmedien – wie schon während der Pandemie – von der Querdenkerszene als unkritisch und von der Regierung gelenkt wahrgenommen wurde, wurde bald auch der russische Angriffskrieg als ‚westliche Erfindung' und Teil der ‚Weltverschwörung' eingestuft.

Auch das bereits in der Querdenkerszene beobachtete Phänomen einer Annäherung linksalternativer und rechtsextremer Stimmen tauchte schon bald auf Friedenskundgebungen auf. Verstärkt wurde die Tendenz der rechtsextremen Beeinflussung durch das sicherheitspolitische Lavieren der *Alternative für Deutschland* (AfD). Führenden AfD-Politiker:innen hatte bereits seit der Annexion der Krim 2014 mehr daran gelegen, ihre russischen Kontakte zu pflegen als die Aggressionen eindeutig zu verurteilen. Die Friedensbewegung geriet insbesondere dadurch in die Bredouille, dass viele ihrer traditionellen Positionierungen – einschließlich der kritischen Distanz zur NATO und des Narrativs der Provokation Russlands – von radikalen Gruppen übernommen und radikalisiert wurden. Selbst wenn die gemäßigten Kräfte in der Friedensbewegung zu jedem Zeitpunkt eine deutliche Mehrheit darstellten, sorgte das lautstarke und schrille Auftreten radikaler Kräfte im Namen des Friedens dafür, dass in der öffentlichen Wahrnehmung ein grundsätzliches Abdriften der Friedensbewegung konstatiert wurde. Dennoch ist die gegenwärtige Misere der Friedensbewegung nicht ausschließlich durch die Vereinnahmungsversuche radikaler Kräfte begründet. So wenig sich die Übernahme friedenspolitischer Prämissen der Friedensbewegung durch diese hat verhindern lassen, so sehr hätte sich die Bewegung in der Folge von jeglichen radikalen Gruppen distanzieren müssen. Etliche Friedensdemonstrationen, allen voran der von Sahra Wagenknecht und Alice Schwarzer initiierte *Aufstand für Frieden* am 25. Februar 2023, zeugen davon, dass eine ebensolche Abgrenzung ausgeblieben ist.

Die Analyse der historischen Entwicklung der Friedensbewegung hat gezeigt, dass der Versuch der Vereinnahmung der Friedensbewegung durch radikale Kräfte keineswegs ein Novum ist. Von der opportunistischen Übernahme pazifistischer Forderungen aus isolationistischem Affekt in der Weimarer Zeit über die rechten Beeinflussungsversuche in den 1990er Jahren bis hin zur Querdenkerbewegung: Wie viele andere soziale Bewegungen hat auch die Friedensbewegung immer wieder mit Vereinnahmungsversuchen zu kämpfen gehabt und geriet dadurch als Ganze in öffentlichen Misskredit. Nicht zuletzt zeigt sich darin die Ambivalenz des

Phänomens der sozialen Bewegungen: Einerseits erlaubt die agile Organisationsform ohne feste Mitgliedschaft eine lose Assoziation der Anhänger:innen und entfaltet dadurch eine hohe Mobilisierungskraft; andererseits gibt es keinen geschützten Markenkern, der vor äußeren Vereinnahmungsversuchen sicher wäre. Die Bewegung ist grundsätzlich diskursoffen und muss ihre Identität immer wieder neu aushandeln und verteidigen.

Auch wenn die Basis der Friedensbewegung über die Jahrzehnte hinweg eine hohe Konstanz aufweist, besteht in der aktuellen Krise keineswegs Grund zur Entwarnung. Alle drei tragenden Pfeiler der Bewegung stehen vor strukturellen Herausforderungen und werden mittelfristig kein verlässliches Fundament bilden können. Während Kirchen wie Parteien und Gewerkschaften mit einem zunehmenden Mitgliederschwund kämpfen, der demographisch noch verstärkt wird, haben die alternativen Gruppen der Friedensbewegung nie eine Breitenbewegung aufrechterhalten können. Hinzu kommt, dass die Friedensbewegung bereits heute eine „sehr weiße, eine sehr alte Bewegung“[14] ist, der es an Diversität und Anschlussfähigkeit insbesondere bei jüngeren Menschen mangelt.

Klein, aber fein?

Mit Blick auf die vergleichsweise geringen Teilnehmer:innenzahlen bei Friedensdemonstrationen und die zögerliche Antwort weiter Teile der Friedensbewegung auf die russischen Aggressionen gegen die Ukraine kommt die Frage auf, ob sich mit der schwindenden Bindekraft der Bewegung ein Trend der vergangenen Jahre fortsetzt oder ob es spezifische Gründe gibt, die eine längerfristige Mobilisierung friedensaktivistischen Engagements verhindert haben. Wenn selbst ein mitten in Europa geführter Angriffskrieg die Friedensbewegung nicht aus ihrem jahrelangen Dornröschenschlaf wecken konnte, dann muss es wirklich schlimm um die Bewegung stehen, so der Grundtenor. Dabei kann keine Rede davon sein, dass der russische Krieg gegen die Ukraine in der Öffentlichkeit kein Echo gefunden hätte. Unmittelbar nach der Ausweitung des Kriegs solidarisierten sich – in Deutschland wie international – eine Vielzahl von Menschen mit der leidtragenden ukrainischen Bevölkerung. Unter Schlagworten wie *#StandWithUkraine* engagierten sich Freiwillige etwa in der Vermittlung von Unterkünften für Geflüchtete, übersetzten zur Orientierung notwendige Dokumente oder drückten ihre Solidarität in ihrer Spendenbereitschaft aus. Eine Besonderheit war dabei, dass in vielen ehrenamtlichen Initiativen die Vernetzung mit Menschen in der Ukraine an vorderster Stelle stand und die im Ausland lebenden Ukrainer:innen in der Organisation eine entscheidende Rolle spielten. Dass die Friedensbewegung kaum wahrgenommen wurde, liegt also keinesfalls daran, dass für das Thema ‚Krieg und Frieden' keine öffentliche Aufmerksamkeit bestanden hätte. Schlagworte wie *#StandWithUkraine*, *‚Frieren für den Frieden'* und die Diskussionen über deutsche Waffenlieferungen in die Ukraine sind nur einige Ausschnitte der öffentlichen Debatte über den Krieg gegen die Ukraine. Seit Jahrzehnten hatte keine derart umfassende und langanhaltende Auseinandersetzung mit der Thematik stattgefunden.

Umso fataler ist, dass die Friedensbewegung ihre gesellschaftliche Anschlussfähigkeit eingebüßt zu haben scheint. Zwar ist richtig, dass letztlich keine Rolle spielt, ob sich zivilgesellschaftliches Engagement für den Frieden inner- oder außerhalb der losen Organisationsstruktur der Friedensbewegung vollzieht. Wenn das Engagement für den Frieden – so könnte man meinen – in anderen Bahnen fortgeführt wird, dann wäre das Abdriften der Friedensbewegung in die Bedeutungslosigkeit lediglich aus nostalgischen Gründen zu beklagen. Hier gibt es allerdings einen entscheidenden Unterschied: Während sich das zivilgesellschaftliche Engagement nach der Ausweitung des Angriffskriegs Russlands hauptsächlich auf Solidaritätsbekundungen und humanitäre Hilfen beschränkt hat, fehlte vielfach eine explizite friedenspolitische Agenda und eine friedensethische Grundlegung. Genau an dieser Stelle hätte die Friedensbewegung ansetzen müssen. Insofern ist es besonders schmerzlich, dass das Potenzial eines jahrzehntelangen Erfahrungsschatzes friedenspolitischen Engagements in weiten Teilen verpuffte.

Das Defizit der Friedensbewegung ist auch deswegen besonders augenfällig, weil es sich bei der deutschen Gesellschaft der historischen Erfahrung nach um eine Bewegungsgesellschaft handelt. Damit sind Gesellschaften gemeint, in denen soziale Bewegungen „ein Träger bzw. treibendes Element"[15] sozialen Wandels darstellen. Über Jahrzehnte hinweg hatte dies auch auf die Friedensbewegung zugetroffen. Die *Ohne-mich-Bewegung* oder die *Kampf-dem Atomtod-Bewegung* in den 1950er Jahren, die Anti-Atomwaffenproteste der 1960er Jahre, aber auch die Proteste gegen den NATO-Doppelbeschluss in den 1980er Jahren hatten jeweils zur friedenspolitischen Mobilisierung breiter Bevölkerungsschichten geführt. Mehr noch, hatten die sicherheitspolitischen Schlüsselereignisse stets in einem ersten Schritt öffentliche Massendemonstrationen ausgelöst, die dann in einem zweiten Schritt in ein längerfristiges friedenspolitisches Engagement in der Friedensbewegung gemündet waren. Die Friedensbewegung hatte es verstanden, den empörten Aufschrei der breiten Masse in friedensaktivistisches Engagement umzuwandeln und dieses für die längerfristigen Ziele wirkmächtig werden zu lassen.

Seit den letzten großen Massenprotesten angesichts des Irakkriegs scheint sich diese Dynamik allerdings nicht mehr zu wiederholen. Die traditionellen Protestformate der Bewegung verlieren zunehmend an Bedeutung. Besonders drastisch drückt sich dies in der Beteiligung an den seit Jahrzehnten veranstalteten Ostermärschen aus. In der Öffentlichkeit werden diese allenfalls noch als Kuriosum wahrgenommen, sehen sich in der letzten Zeit aber auch massiver Kritik ausgesetzt. Emblematisch für die Krise der Ostermärsche steht etwa der Aufruf zum Berliner Ostermarsch 2022, in dem offen ein Ende der NATO-Provokationen und der vermeintlichen Aggressionen gegen Russland gefordert wurde.[16] In einer Studie zum Mobilisierungspotenzial der Ostermarschbewegung nach der russischen Invasion kommen Larissa Meier und Priska Daphi zu dem Schluss, dass die Deutungsframes der Bewegung gesellschaftlich nicht mehr anschlussfähig sind und die Interpretation des Konfliktgeschehens durch Narrative des Kalten Kriegs geprägt ist.[17] Insofern habe die Bewegung trotz des gewachsenen sicherheits- und friedenspolitischen Interesses der Bevölkerung nicht davon profitieren können. Die meisten der Teilnehmer:innen verfügten über umfassende Protesterfahrungen und engagierten sich schon seit Jahrzehnten im Rahmen der Ostermärsche.[18] Bezeichnend ist darüber hinaus, dass im Zuge einer Befragung nur wenige ihre Motivation unter Bezugnahme auf die aktuellen Ereignisse begründeten. Während die Solidarität mit der Ukraine oder die Verurteilung der russischen Aggression nur am Rande erwähnt wurden, begründete die relative Mehrheit ihre Teilnahme mit dem Kampf gegen Aufrüstung bzw. der Forderung nach Abrüstung. Die Mobilisierungskraft der Bewegung fiel – kurz gefasst – deshalb so schwach aus, weil sich ihre Mitglieder durch die aktuellen Ereignisse in ihrem jahrzehntelang propagierten Credo bestärkt sahen, sich dabei aber unfähig zeigten, eine Anschlussfähigkeit an gegenwärtige gesellschaftliche Diskurse herzustellen: „Unsere Forderungen nach Frieden und Abrüstung sind aktueller denn je, auch mit Blick auf die Gefahr einer möglichen nuklearen Eskalation"[19], so eine Erklärung Kristian Gollas vom *Netzwerk Friedenskooperative*. Dass eine Bewegung, die pauschale Antworten zu geben weiß, ohne überhaupt die Fragen wahrgenommen zu haben, nur eingeschränkt mobilisieren kann und mit dem Vorwurf der Arroganz konfrontiert wird, ist nicht verwunderlich.

Auch der auf den Ostermärschen prominent vertretene Slogan „Frieden schaffen ohne Waffen" wird zunehmend kritisch bewertet. Eine Umfrage des *Instituts für Demoskopie Allensbach* vom Mai 2022 hat ergeben, dass zwar die Hälfte der Befragten dem Slogan grundsätzlich zustimmt. Allerdings haben – bei der Möglichkeit der Mehrfachnennung – ebenso viele Befragte angegeben, dass sie diese Forderung für utopisch halten. 41 Prozent geben an, der Slogan spreche das Gefühl an, nicht den Verstand, 28 Prozent sprechen gar von einer gefährlichen Vereinfachung.[20] Zwar ist mit den Vorbehalten gegenüber dem Lemma der Bewegung noch nicht bewiesen, dass dieses inhaltlich unzutreffend wäre. Fest steht aber, dass es der Ostermarschbewegung als Teil der Friedensbewegung zunehmend schwerfällt, die eigenen Überzeugungen auf eine überzeugende Weise in den Diskurs einzubringen. Für eine soziale Bewegung, die mit dem Anspruch friedenspolitischer Veränderung antritt, ist dies alarmierend.

Auch das Argument, im Zeitalter der Digitalisierung würde politischer Protest zunehmend auf andere Weisen geäußert, sodass die Mobilisierung auf der Straße schwerer falle, ist angesichts der Erfolge der Klimabewegung wenig überzeugend.

Wirkungsorientierung

Blickt man auf die gegenwärtigen Entwicklungslinien der Friedensbewegung, so könnte man versucht sein, ihr ein baldiges Ende zu prophezeien. Tatsächlich werden in der Forschung zu sozialen Bewegungen vier verschiedene ‚Lebensphasen' unterschieden. In der ersten Phase der Entstehung (‚*emergence*') kommt es zum Zusammenschluss einer Interessensgruppe mit ähnlicher Zielsetzung. Auslöser des Zusammenschlusses ist oft das Aufbegehren angesichts einer kollektiven Unzufriedenheit (‚*grievance*'). In einer zweiten Phase des Aufstiegs (‚*rise*') gewinnt die Bewegung an Mitgliedern und kann am Höhepunkt möglicherweise die selbst gesetzten Ziele erreichen. Wenn es zur Erreichung der Ziele gekommen ist, die Erreichung der Ziele angesichts der Rahmenbedingungen unwahrscheinlich geworden ist oder die Bewegung schlicht überaltert, folgt die Phase des Abstiegs (‚*decline*') und schließlich das Einschlafen (‚*dormancy*') der Bewegung.[21] Es wäre verwegen, diese Entwicklungsstadien auf die Entwicklung der Friedensbewegung seit ihren Ursprüngen übertragen zu wollen. Wählt man allerdings die Proteste gegen den NATO-Doppelbeschluss als Ausgangspunkt des jüngsten Entwicklungszyklus der Friedensbewegung, so könnte man zum Schluss kommen, dass spätestens nach 2003 die Phase ihres Abstiegs eingeläutet wurde und sie nun kurz vor dem Einschlafen stehe.

Trotz des ausbleibenden Mobilisierungspotenzials und der mangelnden gesellschaftlichen Anschlussfähigkeit der von Teilen der Bewegung propagierten friedenspolitischen Deutungsframes wäre es allerdings vorschnell, im Hinblick auf die Zukunft der Bewegung in einen Defätismus zu verfallen. So hat die Friedensbewegung im Laufe ihrer längeren Geschichte die eigene Erneuerungsfähigkeit immer wieder unter Beweis stellen können und strukturelle Schwächen und Herausforderungen zu bewältigen gewusst. Ein Beispiel hierfür ist etwa die Krise der Friedensbewegung nach dem erfolglosen Widerstand gegen den NATO-Doppelbeschluss. Trotz der Enttäuschung gelang es zumindest zeitweise, die Empörung der Friedensbewegten in langfristiges friedenspolitisches Engagement umzuwandeln, das viele bis heute trägt.

Dass die Friedensbewegung selbst in ihrer Blütezeit ihre Forderungen nach der Rücknahme bzw. Nicht-Umsetzung des NATO-Doppelbeschlusses nicht hat erreichen können, lässt zudem Rückschlüsse auf die Effektivität der Bewegung zu. Grundsätzlich geht die Forschung zu sozialen Bewegungen davon aus, dass die Wahrscheinlichkeit des Erreichens ihrer Ziele mit dem Mobilisierungspotenzial korreliert. Dies gilt in demokratisch verfassten Systemen in noch stärkerem Maße. Dass die Bundesregierung unter den Kanzlern Schmidt und Kohl in der Frage des NATO-Doppelbeschlusses trotz des Protests Hunderttausender hartnäckig blieb, scheint die Forschung auf den ersten Blick eines Besseren zu belehren.[22]

Wie will man aber überhaupt die Effektivität einer Bewegung messen, die sich als langfristiges Ziel den Frieden gesetzt hat? Und welche Maßstäbe sind hierbei anzulegen? Es wäre zu leicht, der Friedensbewegung angesichts der Kriegs- und Krisenherde in der Welt ein pauschales Versagen vorzuwerfen. Einerseits besteht zwischen beidem keinerlei kausaler Zusammenhang; andererseits ist es müßig, kontrafaktisch zu spekulieren, wie sich sicherheitspolitische Dynamiken im Falle der Abwesenheit der Friedensbewegung entwickelt hätten.

Die Friedensbewegung hat im Laufe der Geschichte zweifelsohne wichtige Erfolge erringen können. Als Faustregel kann dabei ein doppelter Befund gelten. Je spezifischer die friedenspolitischen Forderungen der Bewegung artikuliert wurden, desto höher waren auch die Erfolgsaussichten. Davon zeugen insbesondere die Erfolge der Kampagnen seit dem Ende des Kalten Kriegs. Die Fokussierung auf friedenspolitische Sachthemen, etwa das Verbot von Landminen oder Streumunition oder – im Falle der 2017 mit dem Friedensnobelpreis ausgezeichneten *International Campaign to Abolish Nuclear Weapons* – das Hinarbeiten auf ein vertragliches Verbot von Atomwaffen, war vielfach von Erfolg gekrönt.

Dafür lassen sich mehrere Gründe ausmachen. Zum einen erlaubt die Arbeit an Sachthemen eine Professionalisierung des friedensaktivistischen Engagements, das in den letzten Jahren tatsächlich auch stattgefunden hat. Mit einer spezifischen Agenda können Expert:innen an Kampagnen beteiligt werden und neue Transmissionskanäle politischen Protests geöffnet werden. Zudem steigt die Wahrscheinlichkeit, durch gezieltes Lobbying Einfluss auf politische Entscheidungsträger:innen nehmen zu können. Auch wenn er die friedenspolitisch motivierte Initiative zur Entwicklung der US-amerikanischen Atombombe nach eigenem Bekunden im Rückblick wohl besser unterlassen hätte, so bewirkte ein einziger Brief Albert Einsteins an US-Präsident Franklin Theodore Roosevelt aufgrund seiner wissenschaftlichen Autorität letztlich wohl weit mehr, als Massenproteste es jemals vermocht hätten. Im friedensaktivistischen Protest kommt es insofern nicht zwangsläufig auf die Masse der Bewegung oder die Lautstärke an. Auch wenn diese Faktoren zum Erfolg beitragen können, ist es weit wichtiger, die Protestforderungen über spezifische Einflusskanäle an die richtigen Adressat:innen zu richten.

Die thematische Fokussierung der Proteste ist auch insofern erfolgversprechender, als die Adressat:innen der Forderungen überhaupt erst in die Lage versetzt werden, angemessen auf diese zu reagieren. So ist es nicht verwunderlich, dass globale Rufe nach Abrüstung und Frieden in der Welt regelmäßig verhallen. Da dieses Ziel in der kurzen Amtsperiode demokratisch gewählter Verantwortungsträger:innen wohl kaum erreicht werden kann, führt es als Leitvorgabe gewählt entweder zur Frustration oder mündet in die Verantwortungsdiffusion. Thematisch fokussierte und professionalisierte friedenspolitische Kampagnen sind aber auch aus einem weiteren Grund unabdingbar: So leisten sie vielfach in der Sammlung, Aufbereitung und Analyse friedenspolitisch relevanter Informationen eine Arbeit, für die im politischen Tagesgeschäft entweder keine Lobby besteht oder die aus Zeitmangel schlichtweg vernachlässigt wird. Im Zuge professionalisierter Kampagnen kann sich insofern im besten Falle eine verstetigte Zusammenarbeit zwischen Zivilgesellschaft und Politik ergeben. Die themenfokussierte Kampagnenarbeit ist nicht nur im Hinblick auf die Erfolgsaussichten der mit dem friedenspolitischen Engagement verbundenen Ziele hilfreich, sondern wirkt sich auch auf die Mitglieder der Bewegung selbst vorteilhaft aus: Das Erreichen selbst gesetzter Etappenziele sorgt unter den Engagierten für ein erhöhtes Selbstwirksamkeitsgefühl und verhindert deren Frustration oder – ob der Ohnmachtserfahrung – schlimmstenfalls Abrutschen in verschwörungstheoretische Fahrwasser.

Gerade im Kontext der Reaktion der Friedensbewegung auf den russischen Angriffskrieg hat sich gezeigt, dass weite Teile der Bewegung vom in den letzten Jahren verfolgten Kurs der Professionalisierung abgerückt sind und pauschale Forderungen wie „Frieden schaffen ohne Waffen“ oder „Abrüstung jetzt“ im Vordergrund standen. So sehr man diesen Forderungen inhaltlich auch zustimmen mag, so wenig geeignet sind sie, einen positiven Einfluss auf sicherheitspolitische Debatten zu nehmen. Die Friedensbewegung verpasst mit solcherlei Forderungen nicht nur die Chance, auf Veränderungen hinzuwirken, sondern verspielt auch langfristig ihre gesellschaftliche Glaubwürdigkeit. Selbst wenn unter jungen Menschen eine grundsätzliche Affinität zur friedenspolitischen Agenda der Friedensbewegung bestehen sollte, werden sie durch die undifferenzierten Debattenbeiträge von einem Engagement doch eher abgeschreckt; dies gilt umso mehr, wenn diese Agenda mit einem jahrzehntealten

Framing verbunden ist, das jegliche gesellschaftspolitische Anschlussfähigkeit verloren hat.

Will die Friedensbewegung also auch in Zukunft effektive Friedensarbeit leisten, so gilt es, den von Teilen der Bewegung bereits eingeschlagenen Kurs der Professionalisierung friedenspolitischen Aktivismus konsequent fortzusetzen. Dies bedeutet freilich, dass man sich in der Zielsetzung – zumindest kurzfristig – von ‚Luftschlössern' wird verabschieden müssen und sich darauf konzentrieren muss, ‚kleine Brötchen' zu backen. Langfristig wird das den Globalzielen der Bewegung freilich mehr nützen als das unentwegte Skandieren von Slogans, die im politischen Tagesgeschäft nicht operationalisierbar sind und auf allen Seiten in die Frustration münden.

Selbstverständlich bedeutet ein solcher Kurs nicht, dass die Friedensbewegung sich von der Strategie der Massenmobilisierung gänzlich verabschieden sollte. So wenig Demonstrationen allein ausreichen, um politischen Wandel hervorzurufen, so wirkungslos sind auch friedensaktivistische Kampagnen, wenn sie der Öffentlichkeit unbekannt bleiben. Das eine kann das andere nicht ersetzen, aber die Komplexität der sicherheitspolitischen Sachzusammenhänge bedingt, dass das eine ohne das andere langfristig wirkungslos bleibt.

Das Postulat einer Professionalisierung des friedenspolitischen Engagements soll nicht darüber hinwegtäuschen, dass das Hinarbeiten auf die kurzfristige Effektivität der Bewegung das einzige Ziel wäre. Vielmehr hat die Friedensbewegung im Laufe ihrer Geschichte immer wieder auch eine ‚prophetische' Rolle eingenommen. In einer Friedensbewegung, die diesen Namen verdient, muss auch Raum für die Realutopie einer friedlichen und abgerüsteten Welt bleiben. Selbst wenn dem Kolumnisten Sascha Lobo in seiner inhaltlichen Kritik an der Selbstgerechtigkeit eines Teils der Friedensbewegung weitgehend zuzustimmen ist, ist es doch mehr als bedenklich, pauschal von einem „deutschen Lumpen-Pazifismus“[23] zu sprechen.

Ebenso wenig soll einem technokratischen Paradigma das Wort geredet werden. Soziale Bewegungen und insbesondere die Mobilisierung von Massen erfordern mitunter die Vereinfachung komplexer Sachzusammenhänge. Friedenspolitische Abhandlungen eignen sich schlecht als Slogans auf Massendemonstrationen. Wenn allerdings das Mobilisierungspotenzial einer Bewegung über lange Zeit ausbleibt und auch ihre Lemmata einer öffentlichen Kritik unterzogen werden, so tut sie gut daran, diese – oder wenigstens die Strategie, mit der diese verfolgt werden – grundlegend zu überdenken.

Der Befund, dass die Effektivität der Friedensbewegung nicht zwangsläufig mit deren Mobilisierungspotenzial korreliert, ist insofern ernüchternd wie motivierend zugleich. Ernüchternd, weil es eben nicht ausreicht, eine Vielzahl friedensbewegter Menschen mit einem gemeinsamen Ziel zu versammeln. Es bedarf der thematischen Zuspitzung der Agenda und des notwendigen politischen Sachverstands, um ihr Gehör und vor allem Wirkung zu verschaffen. Umgekehrt ist dieser Befund deshalb motivierend, weil die Unfähigkeit der Friedensbewegung zur Mobilisierung der Bevölkerung nicht automatisch deren Bedeutungslosigkeit impliziert. Das leise Engagement einiger weniger kann im Zweifel effektiver sein als lautstarke Massenproteste. Dennoch zeigt die Analyse, dass das Engagement weiter Teile der Friedensbewegung sich in einer Schieflage befindet.

So wichtig es ist, auch in Zeiten sicherheitspolitischen Aufruhrs an der langfristigen Agenda festzuhalten, so fahrlässig ist es, das aktuelle geopolitische Kriegsgeschehen um jeden Preis in diese hineinpressen zu wollen. In ihrer Antwort auf den russischen Angriffskrieg gegen die Ukraine hat die Friedensbewegung insofern eine entscheidende Chance verpasst. Statt durch das Aufgreifen aktueller gesellschaftlicher Debatten zu beweisen, dass ihre Agenda weiterhin von höchster Aktualität ist, haben sich weite Teile damit begnügt, gebetsmühlenartig jahrzehntealte Parolen wiederzukäuen.

Gespaltene Bewegung – gemeinsames Ziel

Viele Beobachter:innen sehen eine Ursache der Krise der Friedensbewegung in ihrer Gespaltenheit in der Frage nach der adäquaten Antwort auf den russischen Angriffskrieg in der Ukraine. Es kann nicht bestritten werden, dass nicht tatsächlich eine erbittert geführte Debatte um den außen- und sicherheitspolitisch erfolgten Kurswechsel stattgefunden hätte. Die Grabenkämpfe in parteilichen, gewerkschaftlichen und kirchlichen Friedensorganisationen beweisen, dass die deutsche Friedensbewegung tatsächlich hochgradig polarisiert wurde.

Strittig ist in den hitzig geführten Debatten nicht nur die Frage nach der Legitimität deutscher Waffenlieferungen in die Ukraine. Auch über die eindeutige Verurteilung der russischen Aggression und die Notwendigkeit der Abgrenzung gegen rechts wird erbittert diskutiert. Während die einen eine klare Haltung und uneingeschränkte Solidarität mit der Ukraine fordern, wittern die anderen einen Verrat an jahrzehntelang gehegten friedensethischen und -politischen Prämissen und fordern eine grundsätzliche Offenheit für alle Menschen „reinen Herzens“.[24]

Neu ist die Gespaltenheit der Friedensbewegung aber keinesfalls. Richtungsdebatten, Spaltungen und Anfeindungen gab es – so hat die Analyse der Entwicklungslinien der Bewegung gezeigt – bereits seit der frühesten Zeit. Dies ist angesichts der Vielschichtigkeit der soziopolitischen Hintergründe, Motivationen, Methoden und Zielsetzungen der Anhänger:innen auch nicht verwunderlich.

Bei näherem Hinsehen wird deutlich, dass die Spaltungen innerhalb der Friedensbewegung nicht zuvorderst aufgrund von Differenzen in der friedenspolitischen Agenda entstehen. Der Kern der Debatten innerhalb der Friedensbewegung dreht sich vielmehr um eine grundlegende friedensethische Abwägung zwischen den beiden Gütern Frieden und Gerechtigkeit. Während eine Seite einen absoluten Primat des Friedens propagiert und damit um jeden Preis an der friedenspolitischen Agenda festhalten will, fordert die andere Seite, dass es keinen Frieden ohne Gerechtigkeit geben könne. Aufgrund dieser unterschiedlichen friedensethischen Prämissen kommen beide Parteiungen auch in friedenspolitischen Sachfragen zu grundverschiedenen Schlussfolgerungen. Die Verfechter:innen des Primats des Friedens wollen Waffenlieferungen an die Ukraine verhindern, weil in ihren Augen jegliche militärische Aufrüstung als bellizistischer Akt zu werten ist, unabhängig davon, ob es sich um die Unterstützung eines Angriffskriegs oder der Selbstverteidigung eines bedrängten Staates handelt. Problematisch ist diese Art der Argumentation nicht nur deshalb, weil sie die Bedingungen des Friedens über die Köpfe der vom Krieg betroffenen Menschen hinweg diktieren will, sondern weil sie letztlich droht, die Verabsolutierung des Friedens über die Wahrung der Menschenwürde zu stellen. Aus eben diesem Grund räumen diejenigen, die der Losung *Kein Friede ohne Gerechtigkeit* anhängen, der Solidarität mit den Betroffenen oberste Priorität ein. Ausgehend von einem Friedensbegriff, der mehr als die bloße Abwesenheit des Kriegs impliziert, richten sie ihre Agenda an der Perspektive der Leidtragenden aus: An die Stelle der Minimallosung „Jeder Friede ist besser als Krieg" rückt die Überzeugung: „Nur ein gerechter Friede ist besser als Krieg".

Besonders umstritten war in der Geschichte die Einstellung zum radikalen Pazifismus, das heißt der Ablehnung von Kriegshandlungen unter allen Umständen. Über die Legitimität des Waffeneinsatzes im Falle der Selbstverteidigung eines Staates wird nicht erst seit dem russischen Überfall auf die Ukraine diskutiert. Während des Ersten Weltkriegs schenkten viele Anhänger:innen der Friedensbewegung der staatlichen Propaganda Glauben und gingen davon aus, dass man sich in einem Verteidigungskrieg befinde. Während eine Minderheit die Legitimität dieser Verteidigung anzweifelte und dafür teils massive Repressionen hinnehmen musste, postulierten weite Teile der frühen Friedensbewegung die Rechtmäßigkeit eines solchen Verteidigungskriegs. Auch in der Zeit der Weimarer Republik war die Bewegung gespalten, da ein nationalkonservativer Flügel der Bewegung die Friedensagenda aus revisionistischen Beweggründen verfolgte und insofern mit dem linksidealistischen, auf internationale Verständigung zielenden Flügel in einen Disput geriet.

Die Geschichte zeigt, dass Friedensbewegung und pazifistische Strömungen alles andere als deckungsgleich sind. Auch wenn sich wohl die meisten Pazifist:innen als Teil der Friedensbewegung verstehen dürften, sind nicht automatisch auch alle Anhänger:innen der Friedensbewegung Pazifist:innen. Spätestens mit den Versuchen der AfD, sich in der Öffentlichkeit als rechte Friedenspartei zu inszenieren, ist deutlich geworden, dass das Label ‚Friedensbewegung' – sei es zu Recht oder Unrecht – von gesellschaftlichen Gruppierungen und Parteien verschiedenster Couleur in Anspruch genommen wird. In der Spaltung des linken politischen Spektrums eine Chance witternd, übernahm Björn Höcke per Twitter und Facebook gar den Slogan „Frieden schaffen ohne Waffen".[25] Dass die AfD alles andere als eine pazifistische Partei ist, beweist nicht nur die bellizistische Hassrede ihrer führenden Vertreter:innen,[26] sondern spätestens ein Blick in das außen- und sicherheitspolitische Parteiprogramm.

Die Erklärung der aktuellen Krise der Friedensbewegung aus der Schwächung durch die Spaltung der Bewegung trägt angesichts der historischen Entwicklungen nur bedingt. Spaltungen hat es immer gegeben. Die Krise durch Spaltungen oder gar Vereinnahmungen durch radikale Kräfte erklären zu wollen, verschafft allenfalls einer friedenspolitischen Dolchstoßlegende Aufwind, trägt zur Überwindung der Krise aber nur wenig bei. Statt sich auf die eigenen strukturellen Defizite zu konzentrieren und sich gegenüber Vereinnahmungen konsequent abzugrenzen, mündet die Schuldzuweisung an andere allzu oft in eine Dynamik der Selbstviktimisierung, die den Glaubwürdigkeitsverlust noch verschärft.

Friedensbewegung und Einstellung zur Politik

Es gehörte über Jahre beinahe zum Markenkern der Friedensbewegung, in Fundamentalopposition zum sicherheitspolitischen Kurs der Bundesregierung zu stehen. Seit der frühen Zeit der Friedensbewegung in der Bundesrepublik war der Protest vor allem durch oppositionelle Kräfte getragen. Die *Ohne-Mich-Bewegung* der 1950er Jahre war zwar in Teilen pazifistisch motiviert und Resultat der Kriegsmüdigkeit der deutschen Bevölkerung, hatte aber auch eine stark innenpolitisch ausgerichtete Dimension. So wurden die Kampagnen auch von der parlamentarischen Opposition unterstützt und richteten sich in mindestens ebenso starkem Maße gegen die außenpolitischen Weichenstellungen Konrad Adenauers wie gegen die Wiederbewaffnung. Die Forderungen der Kampagne fanden einerseits deshalb die Unterstützung von Teilen der parlamentarisch verfassten Opposition, weil sie sich mit deren Kernforderungen deckten. Andererseits gab es nicht selten politischen Opportunismus, der die Ziele der Friedensbewegung zugunsten der eigenen politischen Agenda zu instrumentalisieren suchte. Dass dieses Risiko bis heute besteht, zeigen die oben beschriebenen Versuche der AfD, von der gewachsenen Bedeutung friedenspolitischer Themen profitieren zu wollen.

Ähnlich wie die *Ohne-mich-Kampagne* hatte auch die *Kampf-dem-Atomtod-Kampagne* ab den späten 1950er Jahren nicht nur eine außenpolitisch orientierte, sondern auch eine innenpolitisch motivierte Dimension. So war der von führenden Wissenschaftlern unterzeichnete *Göttinger Appell* als unmittelbare Reaktion auf Konrad Adenauers Ankündigung 1957 zu verstehen, die Bundeswehr mit taktischen Atomwaffen ausstatten zu wollen. Die von einem breiten Bündnis getragene Kampagne fand nicht nur die Unterstützung von Kirchen und Teilen der Gewerkschaften, sondern wurde auch von der parlamentarischen Opposition mitgetragen. Im Vorfeld des Bundestagsbeschlusses über die Ausstattung der Bundeswehr mit Atomwaffen kam es innerhalb des deutschen Bundestags zu heftigen Auseinandersetzungen zwischen der Regierungspartei CDU/CSU und der Opposition, insbesondere der SPD und der FDP. Auch wenn der Bundestag sich letztlich für eine solche Ausrüstung aussprach, entfaltete der Beschluss nie eine Wirkung, da der NATO-Rat in der Folge entschieden hatte, dass die Stationierung und der Gebrauch von Atomwaffen in Westdeutschland nur unter US-amerikanischem Kommando erfolgen dürften.

Obwohl die Friedensbewegung schon früh eine einflussreiche Bewegung der außerparlamentarischen Opposition darstellte, zeigen diese beiden frühen Beispiele, dass in der Friedensagenda die Trennlinien zwischen der parlamentarischen und außerparlamentarischen Opposition nie scharf gezogen werden konnten. Angesichts der gesellschaftspolitischen Umstrittenheit und des Mobilisierungspotenzials sicherheitspolitischer Belange ist es auch nicht verwunderlich, dass sowohl Friedensbewegung als auch parlamentarisch organisierte Opposition sich diesen Fragestellungen widmeten. Die *Kampf-dem-Atomtod-Kampagne* beweist, dass nicht nur die parlamentarische Opposition Kernforderungen der Friedensbewegung übernahm, sondern dass nicht selten auch die Friedensbewegung ihrerseits von Initiativen der parlamentarischen Opposition profitieren konnte. Das eindrücklichste Beispiel der Verknüpfung von friedenspolitischer Agenda mit innenpolitischem Kalkül ist wohl der Protest gegen den NATO-Doppelbeschluss. Zunächst vom Kabinett Schmidt II mitverantwortet, regte sich bald nicht nur die Opposition in Teilen der SPD, sondern trieb zunehmend auch einen Keil zwischen die Regierungsparteien SPD und FDP. Nach dem Rücktritt der FDP-Minister der Koalition kam es zum von der FDP unterstützten konstruktiven Misstrauensvotum gegenüber Bundeskanzler Schmidt und der Wahl Helmut Kohls. War dieser zuvor noch Oppositionsführer gewesen, sah er sich nun aufgrund seines Festhaltens an der Umsetzung des NATO-Doppelbeschlusses selbst massiver Kritik ausgesetzt; einer Kritik freilich, die er angesichts stabiler parlamentarischer Kräfteverhältnisse stoisch auszusitzen bereit war.

Zu einer ‚Anomalie' in der traditionellen Opposition der Friedensbewegung zu den friedens- und sicherheitspolitischen Leitlinien der Bundesregierung kam es erst 2003 angesichts der Weigerung der deutschen Bundesregierung, sich an der Irak-Invasion zu beteiligen. Auch wenn die rot-grüne Koalition in Teilen ihrer Sicherheitspolitik durchaus mit teils heftiger Kritik bedacht wurde, ist die Begrüßung dieser Entscheidung durch die Friedensbewegung nicht verwunderlich. Dies gilt umso mehr, als die Friedensbewegung einen Teil der Stammwählerschaft der Grünen darstellte. Dennoch war es das erste Mal in der Geschichte der Bundesrepublik, dass breit angelegte Friedensproteste sich nicht gegen sicherheitspolitische Prämissen der Bundesregierung richteten, sondern von dieser gar unterstützt wurden.

Dieses Muster scheint sich im Zuge der Reaktion der Friedensbewegung auf den russischen Angriffskrieg gegen die Ukraine zumindest teilweise zu wiederholen. Während ein Teil der Bewegung auf grundsätzlichen Forderungen nach Abrüstung bestand und die sofortige Aufnahme von Friedensverhandlungen forderte, schwenkte ein anderer Teil weitestgehend auf den von der Bundesregierung verfolgten sicherheitspolitischen Kurs ein: Die Ukraine müsse durch Waffenlieferungen erst dazu befähigt werden, am Verhandlungstisch zu einem möglichen späteren Zeitpunkt die Rolle einzunehmen, die ihr zustehe.

Die Reaktion der Bundesregierung auf den Ukrainekrieg war nicht nur innerhalb der Friedensbewegung, sondern auch bei den Oppositionsparteien umstritten. Während die Linkspartei die deutschen Waffenlieferungen überwiegend grundsätzlich ablehnte, auch wenn Teile der Partei der Ukraine immerhin ein legitimes Selbstverteidigungsrecht zugestanden, forderten die Unionsparteien schon bald umfassende Lieferungen auch schwerer Waffengattungen und kritisierten den zögerlichen Kurs von Bundeskanzler Scholz. Die Grünen waren angesichts der sicherheitspolitischen Kehrtwende dem Vorwurf ausgesetzt, von ihren Grundüberzeugungen vorschnell Abschied genommen zu haben. Die AfD verfolgte – in der Absicht, aus der Schwächung der Ampelkoalition Kapital zu schlagen – schon bald den Kurs ‚Die Feinde meines Feindes sind meine Freunde' und verstärkte demonstrativ ihre Russlandbeziehungen.

Es wäre vermessen, zu behaupten, dass die teilweise Übereinstimmung der von Friedensbewegung und Bundesregierung vertretenen friedenspolitischen Prämissen zu einer Schwächung der Friedensbewegung geführt hätte. Dennoch wurde in öffentlichen Debatten ein ebensolcher Vorwurf immer wieder vorgebracht. Insbesondere die radikaleren Kräfte der Bewegung, die darauf drängten, an der grundsätzlichen Ablehnung von Waffenlieferungen festzuhalten, warfen denjenigen, die Lieferungen im Falle eines Verteidigungskriegs für einen humanitären Imperativ hielten, vor, die Ziele der Friedensbewegung verraten zu haben. Diesbezüglich ist kritisch festzustellen, dass die Opposition zur Regierungslinie einen Friedensprotest in keiner Weise inhaltlich qualifiziert. Ein „Wir haben uns geirrt“[27] ist allemal glaubwürdiger als das trotzige Festhalten an Prämissen, die von der Realität schon lange überholt wurden. Auch wenn das friedenspolitische Umdenken eines Teils der Friedensbewegung keinesfalls ursächlich für deren gegenwärtige Krise ist, so hat die Übereinstimmung mit der Regierungslinie konsequenterweise zu Veränderungen in den Protestformen geführt: „So zeigen sich bei den aktuellen Friedensprotesten bisher keine Formen zivilen Ungehorsams wie Sitzblockaden, die nicht zuletzt durch die ‚neuen sozialen Bewegungen‘ Teil des Protestrepertoires in der Bundesrepublik wurden.“[28]

Auch wenn die Friedensbewegung von der breiten Mobilisierungsbasis der Klimabewegung und dem Nexus zwischen klima- und friedenspolitischen Themen sowie der historischen Affinität beider Protestbewegungen in Teilen profitieren konnte,[29] bedingt der Kurswechsel und der Wandel der daraus folgenden Protestformen möglicherweise einen Nachteil im Streben nach öffentlicher Aufmerksamkeit. Auch wenn es plakativ klingen mag, so ist es angesichts der den Medien immanenten Logik der Aufmerksamkeitsökonomie möglicherweise nicht gänzlich von der Hand zu weisen: Wer friedlich seine Solidarität mit der Ukraine zum Ausdruck bringt und darin womöglich noch mit der Regierungslinie übereinstimmt, erweckt weniger Aufmerksamkeit als jemand, der lautstark gegen die Bundesregierung wettert oder sich auf die Straße klebt. Dies bedeutet keinesfalls, dass die Anhänger:innen der Friedensbewegungen zu radikaleren Protestformen übergehen sollten. Ebenso wenig berechtigt ist allerdings, von der Radikalität des zivilgesellschaftlichen Protests auf die Legitimität der Forderungen zu schließen.

Zwischen Internationalismus und Isolationismus

Während sich die Anhänger:innen der Friedensbewegung überwiegend zum Multilateralismus bekennen, ist auffällig, dass in den letzten Jahren zunehmend isolationistische Stimmen Aufwind bekommen haben. Auch wenn dies in Teilen dem generellen Erstarken rechtspopulistischer Parteien geschuldet sein mag, so ist auf den ersten Blick überraschend, dass die Forderungen nach sicherheitspolitischer Abschottung auch innerhalb der Friedensbewegung auf fruchtbaren Boden fallen. Ist hierin vielleicht einer der Gründe für die Krise der Bewegung zu suchen?

Der Blick in die Geschichte der Bewegung beweist, dass das Oszillieren zwischen außenpolitischem Internationalismus und Isolationismus keineswegs ein Novum ist. Sowohl nach dem Ersten Weltkrieg als auch nach dem Zweiten Weltkrieg tendierte ein beträchtlicher Teil der Basis der Bewegung angesichts der allgemeinen Kriegsmüdigkeit zu isolationistischen Grundpositionen. Nach dem Ersten Weltkrieg fanden isolationistische Tendenzen besonders innerhalb der nationalkonservativen Strömungen starken Widerhall. Dennoch lässt sich nicht immer trennscharf zwischen isolationistischen und internationalistischen Phasen der Bewegung unterscheiden. Angesichts der Pluralität der Bewegung bestand oft eine Parallelität beider Strömungen. So erhob in der Zeit der Weimarer Republik auch eine der bürgerlichen Elite zuzurechnende Strömung der Friedensbewegung die Forderung nach einer internationalistischen Ausrichtung der jungen Demokratie. Nur die enge Einbindung in das Geflecht aus internationalen Institutionen, so die Grundannahme, könne die Kriegsgefahr langfristig bannen. Auch die bundesrepublikanische *Ohne-mich-Bewegung* entsprang im Grunde einem isolationistischen Reflex. Statt sich in neuerliche Bündniskonstellationen zu begeben und damit ein erhebliches Risiko einzugehen, noch tiefer in die Blockkonfrontation hineingezogen zu werden, forderten die Anhänger:innen die grundsätzliche bündnispolitische Neutralität der Bundesregierung. Eine Besonderheit der Zeit des Kalten Kriegs ist freilich, dass das Bekenntnis zum Multilateralismus beinahe zwangsläufig eine sicherheitspolitische Positionierung implizierte, weil sämtliche multilaterale Institutionen durch die Konfliktlinien des Kalten Kriegs beeinflusst wurden.

Die jahrelangen Proteste gegen den NATO-Doppelbeschluss führten bei vielen Demonstrant:innen zunehmend zu einer grundsätzlichen Ablehnung der militärischen Bündnispolitik im Allgemeinen und der NATO im Besonderen. Dies war zu Beginn der Proteste noch anders gewesen. Die Mehrheit der westdeutschen Bevölkerung lehnte zwar den Nachrüstungsbeschluss ab, hielt aber grundsätzlich an der Daseinsberechtigung der NATO als kollektivem Verteidigungsbündnis fest. Diese Grundüberzeugung wich insbesondere in der Friedensbewegung zunehmend einem sicherheitspolitischen Isolationismus der Bundesrepublik.

Nach der Wiedervereinigung bekannte sich die Mehrheit der Friedensbewegung zum Multilateralismus und sah in internationalen Organisationen, allen voran den Vereinten Nationen, den Inbegriff des Strebens nach einer friedlichen Weltordnung. Dass multilaterale Organisationen nicht grundsätzlich infrage gestellt wurden, bedeutet nicht, dass an ihnen keinerlei Kritik geäußert worden wäre. So ist insbesondere das Kräfteverhältnis im UN-Sicherheitsrat immer wieder ins Zentrum der Kritik geraten. So berechtigt die Forderungen nach einer Reform des UN-Sicherheitsrats mehr als 75 Jahre nach der Gründung der Vereinten Nationen sein mögen, so unwahrscheinlich ist allerdings, dass die fünf Ständigen Mitglieder ihre Vetomacht aufzugeben bereit sind. Selbst wenn es regelmäßig zur Blockade des Sicherheitsrats kommt, war das Veto-Recht doch Grundbedingung dafür, dass sich die Großmächte nach dem Zweiten Weltkrieg überhaupt auf die Errichtung der Vereinten Nationen eingelassen haben.

Parallel zur Unterstützung einer multilateralen Weltordnung hielten weite Teile der Friedensbewegung auch nach dem Ende des Kalten Kriegs an einer isolationistischen Linie in der Sicherheitspolitik fest. Die Pläne zur Gemeinsamen Europäischen Sicherheits- und Verteidigungspolitik wurden ebenso rigoros abgelehnt wie die Osterweiterungen der NATO, die sich weiterhin einer Fundamentalkritik ausgesetzt sah. Dieser Trend intensivierte sich in der jüngeren Vergangenheit noch, nachdem der französische Staatspräsident durch seine Äußerungen vom „Hirntod" der NATO bündnisweite Kontroversen über die Zwecksetzung der NATO ausgelöst hatte.[30]

Der Ruf der Friedensbewegung nach einem Ende der Auslandseinsätze der Bundeswehr im Zuge des Kriegs gegen den Terror wurde schon bald zu einem weiteren Schwerpunkt der isolationistischen Positionierungen in der Sicherheitspolitik. Wenn nicht die gänzliche Abschaffung der Bundeswehr gefordert wurde, dann doch wenigstens eine Begrenzung ihrer Einsätze auf die nationale Verteidigung und humanitäre Unterstützung innerhalb der Grenzen der Bundesrepublik. Selbst die Beteiligung an UN-Friedensmissionen, die in der überwiegenden Mehrheit allerdings nicht von Erfolg gekrönt waren, wurde vielfach infrage gestellt.

Mit der radikalen Forderung nach sicherheitspolitischem Isolationismus war allerdings ein massiver Glaubwürdigkeitsverlust der Friedensbewegung verbunden. Erschwerend kam hinzu, dass die Bundesregierungen der letzten Jahrzehnte permanent mit Kritik aus dem Ausland konfrontiert wurden, ihre Bündnisverpflichtungen nicht ernst genug zu nehmen. Statt das selbst gesteckte Ziel, zwei Prozent des jährlichen Haushalts in die Verteidigung zu investieren – so insbesondere die US-amerikanische Kritik – konsequent zu verfolgen, befinde sich die Bundeswehr in einem desolaten Zustand. Selbst 2022 hat Deutschland das Zwei-Prozent-Ziel nur aufgrund der Bewilligung des Bundeswehr-Sondervermögens in Höhe von 100 Milliarden Euro erreicht. Der innenpolitische Widerstand gegen diese „Zeitenwende" folgte – nicht zuletzt aufgrund der willkürlichen Bemessung des Volumens – prompt. Neben der Kritik an der unzureichenden Bemessung des Verteidigungshaushalts wird der Bundesrepublik insbesondere auch von französischer Seite immer wieder ein Trittbrettfahrertum unter dem nuklearen Schirm der Vereinigten Staaten und Frankreichs attestiert. So sehr die französische Regierung seit den 1950er Jahren auf die Verhinderung der nuklearen Bewaffnung der Bundeswehr gedrängt hatte, so sehr wünscht man sich gleichzeitig eine fairere Aufteilung der Bündnislasten (‚*burden-sharing*'). In Frankreich besteht freilich eine sicherheitspolitische Kultur, die von der deutschen grundverschieden ist. In der französischen sicherheitspolitischen Community spielt insbesondere die Aufrechterhaltung der ‚strategischen Autonomie' bei gleichzeitiger Einbindung in Verteidigungsbündnisse eine zentrale Rolle. Es ist insofern nicht verwunderlich, dass die Bundesregierungen der jüngeren Vergangenheit den isolationistischen Forderungen der Friedensbewegung in der Domäne der Sicherheitspolitik keine Priorität eingeräumt haben. Zu groß waren letztlich die Bedenken, Deutschland innerhalb der internationalen Sicherheitsarchitektur vollends zu isolieren.

Dass die sicherheitspolitische Bündnispolitik von vielen Anhänger:innen der Friedensbewegung bis heute grundsätzlich abgelehnt wird, liegt einerseits daran, dass die NATO als bündnispolitischer Referenzpunkt von der russischen Regierung und infolge der Übernahme beziehungsweise wechselseitigen Verstärkung dieses Narrativs auch von der Friedensbewegung als Relikt der Kalten Kriegs betrachtet wird. Statt das Bündnis nach dem Zerfall der Sowjetunion aufzulösen, habe man krampfhaft nach einer neuen Daseinsberechtigung gesucht. Der Krieg Russlands gegen die Ukraine sei der Beweis dafür, dass das Fortbestehen der NATO alte Konfliktlinien wiederbelebt habe. In jüngster Zeit wurde diese Argumentationslinie auch von der AfD übernommen und hat es implizit sogar in deren Parteiprogramm geschafft: „Die NATO muss aber wieder ein reines Verteidigungsbündnis werden."[31]

Die Versuche der AfD, sich als Teil der Friedensbewegung zu inszenieren, drohen die isolationistischen Tendenzen der Bewegung stärker werden zu lassen. Anders als bei der traditionellen Basis handelt es sich bei der AfD nicht nur um eine sicherheitspolitische, sondern um eine grundsätzliche Abschottungspolitik aus rechtspopulistischen Beweggründen. Sinngemäß die Losung des ehemaligen US-Präsidenten Donald Trump „*America First!*" auf Deutschland übertragend, strebt die AfD nach einer konsequenten Priorisierung vermeintlich deutscher Interessen, die man in einer isolationistischen Agenda am besten verwirklicht sieht. So heißt es im 2023 verabschiedeten Parteiprogramm zwar, man bekenne sich grundsätzlich zu den „Werten der Charta der Vereinten Nationen und des Völkerrechts". Dieses ‚Bekenntnis' wird allerdings noch im selben Absatz faktisch zurückgenommen, wenn es heißt: „[D]as Selbstbestimmungsrecht der Völker darf nicht durch die Agenden zwischenstaatlicher Organisationen, von NGOs und durch den Machtzuwachs großer, global agierender Konzerne ausgehöhlt werden."[32] Damit übernimmt die Partei ein gängiges Narrativ, das im Kontext der Vereinten Nationen insbesondere von den Regierungen Chinas und Russlands immer wieder vorgebracht wird. Das Völkerrecht wird de facto ausschließlich auf das Prinzip der Nicht-Intervention und das nach eigenem Gusto ausgelegte Selbstbestimmungsrecht der Völker reduziert. Auffallend ist, dass die AfD ebenso wie weite Teile des linken Spektrums der Friedensbewegung die Vergemeinschaftung der europäischen Außen- und Sicherheitspolitik ablehnt, dabei aber eine grundverschiedene Motivation vorbringt. Während die traditionelle Basis der Friedensbewegung eine solche Vergemeinschaftung aus pazifistischen Gründen ablehnt, strebt die AfD nach der „strategischen Autonomie" bei gleichzeitiger Ablehnung der nuklearen Teilhabe und versucht dadurch eine Anschlussfähigkeit an sicherheitspolitische Diskurse herzustellen.

Die vermeintlichen Parallelen zwischen rechten und linken Kräften der Friedensbewegung erweisen sich insofern bei näherem Hinsehen als gegenstandslos. Während der Isolationismus der linken Kräfte der Friedensbewegung sich traditionell auf die Sicherheits- und Verteidigungspolitik beschränkt, handelt es sich bei der Agenda der AfD um eine Haltung des grundsätzlichen Isolationismus. Die Parteiführung der AfD ist in der Hoffnung auf Stimmenfang freilich intensiv darum bemüht, in der Öffentlichkeit eine Kongruenz rechter und linker sicherheitspolitischer Forderungen zu suggerieren. Exemplarisch dafür steht etwa die in einer Rede vor dem Deutschen Bundestag geäußerte isolationistische Einstellung des AfD-Parteivorsitzenden Tino Chrupalla zum russischen Krieg gegen die Ukraine: Dieser Krieg „ist nicht unser Krieg."[33] Es sei nicht seine Aufgabe, sich um die Verteidigung der Ukraine zu kümmern, so hatte er bereits zuvor in einem Interview erklärt.[34]

Spätestens ein Blick in die Pläne der AfD zur Reform der Bundeswehr sollte Beobachter:innen jeglicher Illusionen hinsichtlich der Friedensambitionen der Partei berauben. So heißt es dort: „Die Bundeswehr soll wieder einen starken Korpsgeist, ihre Traditionen und deutsche Werte pflegen. Die Tugenden des Soldaten sind Ehre, Treue, Kameradschaft und Tapferkeit. Die Bundeswehr muss die besten Traditionen der deutschen Militärgeschichte leben."[35] Weiter entfernt könnte die Programmatik der AfD sowohl hinsichtlich des Inhalts als auch der Rhetorik und Semantik von der Friedensbewegung nicht sein.

Die Tatsache, dass es innerhalb der Friedensbewegung immer auch isolationistische Tendenzen gegeben hat, ist dennoch kein Grund zur Entwarnung. Vielmehr ist es bleibende Aufgabe der Bewegung, sich von demokratiefeindlichen gesellschaftlichen Kräften abzugrenzen und das eigene programmatische Profil gerade auch im Kontrast zu diesen zu profilieren.

Die Analyse der gegenwärtigen Verfassung der Friedensbewegung beweist, dass die Ursachen der gegenwärtigen Krise der Bewegung nur bedingt in historischen Rahmenbedingungen zu suchen sind. In ihrer Geschichte war das Engagement innerhalb der Friedensbewegung immer wieder konjunkturellen Schwankungen unterworfen, die mit der jeweiligen Präsenz und relativen Dringlichkeit der friedenspolitischen Agenda in der Öffentlichkeit korrelierten.

Vor dem Hintergrund der historischen Entwicklungslinien ist es insofern ungewöhnlich, dass die Friedensbewegung in der Folge der Ausweitung des russischen Angriffskriegs gegen die Ukraine keinen erheblichen Mitgliederzuwachs verzeichnen konnte und es ihr überwiegend nicht gelang, zu Massendemonstrationen zu mobilisieren. Die strukturelle Krise ist nicht etwa durch die allgemeine Schwäche der sozialen Bewegungen in der Bundesrepublik zu erklären. Vielmehr beweist insbesondere das Mobilisierungspotenzial der Klimabewegung, dass die grundsätzliche Bereitschaft zum politischen Engagement auch bei jüngeren Menschen besteht. Die Überalterung der Friedensbewegung kann überwiegend durch die Alterung der die Friedensbewegung bildenden Kerngruppen erklärt werden. Kirchen, Parteien und Gewerkschaften als traditionelle Hauptsäulen der Mitgliedermobilisierung haben angesichts des demographischen Wandels und selbstverschuldeter Krisen mit einem massiven Mitgliederschwund zu kämpfen; ein Trend, der auf die Diversität der Friedensbewegung schon heute massive Auswirkungen hat und sich in der nahen Zukunft nicht umkehren dürfte. Die Friedensbewegung tut angesichts des verpassten Generationenwechsels gut daran, das eigene Engagement und die Strukturen selbstkritisch reflektieren. Dies gilt umso mehr, als aufgrund der bisherigen Erfahrungen zu erwarten gewesen wäre, dass die Friedensbewegung die Mobilisierung und friedenspolitische Sensibilisierung der Bevölkerung in langfristiges Engagement überführen könnte.

Selbst wenn aber das Mobilisierungspotenzial stark abgenommen hat, zeigt die Professionalisierung der Bewegung und die Fokussierung auf die thematische Kampagnenarbeit, dass durchaus Grund zur Hoffnung besteht. Obwohl in einer demokratisch verfassten Gesellschaft Massenproteste eine effektive Umsetzung der in ihr artikulierten Forderungen wahrscheinlicher erscheinen lassen, zeigt die historische Erfahrung, dass hier keinesfalls ein Automatismus besteht. Vielfach kommt es im friedensaktivistischen Engagement insofern nicht darauf an, von wie vielen Menschen, wie laut oder unter Rekurs auf welche Protestformen eine politische Forderung artikuliert wird. Entscheidender ist vielmehr, ob die richtigen Entscheidungsträger:innen über strategisch gewählte Einflusskanäle erreicht werden. Massenproteste und die professionelle Arbeit an Themen sind dennoch nicht als alternativ zu verstehen: Der größte Massenprotest versandet, wenn er seine Kraft nicht in konkrete politische Forderungen zu kanalisieren weiß; umgekehrt bleiben gezielte Kampagnen ‚zahnlose Tiger', wenn nicht glaubhaft gemacht werden kann, dass die Forderungen den Präferenzen einer großen Bevölkerungsgruppe entsprechen.

Infolge des russischen Angriffskriegs gegen die Ukraine ist innerhalb der Friedensbewegung eine Spaltung zutage getreten, deren Quintessenz sich auf die friedensethische Verhältnisbestimmung zwischen den beiden Gütern ‚Friede' und ‚Gerechtigkeit' herunterbrechen lässt. Auch wenn in der öffentlichen Debatte vielfach ein Auseinanderbrechen der Bewegung befürchtet wurde, beweist die historische Analyse, dass es aufgrund der Diversität der Motivationen, Methoden und Ziele der Anhänger:innen der Friedensbewegung immer gegenläufige Positionen und teils erbitterte Richtungskämpfe gegeben hat. Insbesondere die Einstellung zum radikalen Pazifismus, das heißt zu derjenigen Strömung, die den Einsatz von Gewalt unter allen Umständen verurteilt, war stets umstritten. Die Frage nach der Legitimität der militärischen Selbstverteidigung mag angesichts des russischen Angriffskriegs mit neuer Dringlichkeit aufgeworfen worden sein; neu ist sie in den Debatten aber keinesfalls. Die Spaltung der Bewegung für deren Schwäche verantwortlich machen zu wollen, griffe insofern zu kurz. Vielmehr kann die Polarisierung der Friedensbewegung auch als Indikator dafür gelten, dass die Auseinandersetzung mit Themen von Krieg und Frieden gesamtgesellschaftlich einen neuen Stellenwert erhalten hat und die Spaltungen innerhalb der Bewegung insofern erhöhte Aufmerksamkeit erfahren.

Auffällig ist vor der Hintergrundfolie der historischen Entwicklungslinien der Friedensbewegung, dass angesichts des russischen Angriffskriegs gegen die Ukraine zumindest ein Teil der Mitglieder in ihren friedenspolitischen Prämissen mit der Regierungslinie übereinzustimmen scheint. Dies liegt nicht etwa daran, dass mit den Grünen eine Partei an der Regierung beteiligt ist, deren Wählerschaft historisch wie programmatisch eine hohe Kongruenz zu den Mitgliedern der Friedensbewegung aufweist. Vielmehr sahen sich auch die Grünen angesichts der von ihnen mitgetragenen Zeitenwende massiver öffentlicher und parteiinterner Kritik ausgesetzt. Im Laufe der Geschichte der Friedensbewegung in der Bundesrepublik hatten die Forderungen stets auch eine innenpolitische Dimension und die Linien zwischen inner- und außerparlamentarischer Opposition waren fließend. Bedenklich ist allerdings, dass die AfD sich im Nachgang der Ausweitung des russischen Angriffskriegs gegen die Ukraine zunehmend als Friedenspartei zu gerieren sucht. Dies zeigt sich insbesondere daran, dass die Partei bemüht ist, in der Öffentlichkeit den Eindruck zu erwecken, die Agenda des grundsätzlichen Isolationismus sei an den seit Jahrzehnten verfestigten und von weiten Teilen der Friedensbewegung gehegten sicherheitspolitischen Isolationismus anschlussfähig. Die Ablehnung der militärischen Bündnispolitik eint die Friedensbewegung und rechtsextreme Stimmen nur auf den ersten Blick. Während Erstere – selbst wenn sie vielfach in Diskursmustern des Kalten Kriegs verhaftet bleibt – aus pazifistischen Motiven handelt, geht es Letzteren um die grundsätzliche Neuordnung der internationalen Beziehungen, um vermeintliche deutsche Interessen zu verfolgen. Die Friedensbewegung tut insofern gut daran, sich proaktiv und konsequent von rechtsextremen Vereinnahmungsversuchen zu distanzieren.

So sehr die analysierten Faktoren dazu beigetragen haben mögen, das Abdriften der Friedensbewegung in die Bedeutungslosigkeit zu beschleunigen, so wenig sind sie *ursächlich* dafür verantwortlich. Bei genauer Betrachtung der Faktoren zeigen sich allerdings gemeinsame Schnittmengen, die auf einen gemeinsamen Problembereich hindeuten: In Teilen der Friedensbewegung hat sich in den letzten Jahren der Hang zur Übernahme populistischer Diskursmuster breitgemacht, der die Glaubwürdigkeit der gesamten Bewegung aufs Spiel setzt. Junge Menschen sind nicht per se resistenter gegen populistische Vereinnahmungsversuche. Jüngere Studien zeigen, dass populistische Diskursmuster bis hin zu verschwörungstheoretischem Gedankengut auch unter jungen Menschen weit verbreitet sind.[36] Wenn die Populismustendenzen innerhalb der Friedensbewegung allerdings mit jahrzehntealten und längst überholten Framings verbunden werden, so ist es wenig überraschend, dass deren Attraktivität drastisch abgenommen hat. Junge Menschen, die ihrem Wunsch nach Frieden wirkungsorientiert Ausdruck verleihen möchten, werden sich davor hüten, sich durch Kalte-Kriegs-Rhetorik vereinnahmen zu lassen. Statt über die Symptome der Krisenhaftigkeit der Friedensbewegung zu lamentieren, sollte damit begonnen werden, die eigentliche Ursache zu bekämpfen: den Populismus. Genau damit soll im Folgenden durch die Offenlegung und Analyse populistischer Diskursmuster begonnen werden.

5. In der Populismusfalle

> „Verhandeln heißt nicht kapitulieren. Verhandeln heißt, Kompromisse machen, auf beiden Seiten. Mit dem Ziel, weitere Hunderttausende Tote und Schlimmeres zu verhindern. Das meinen auch wir, meint auch die Hälfte der deutschen Bevölkerung. Es ist Zeit, uns zuzuhören!"[1]

Diese Zeilen finden sich im sogenannten *Manifest für Frieden*, das Alice Schwarzer und Sahra Wagenknecht am 10. Februar 2023 online zur Abstimmung stellten. Bereits nach wenigen Tagen hatten über 500.000 Menschen das Manifest unterzeichnet. Gleichzeitig riefen die beiden zu einer Kundgebung am Brandenburger Tor auf, zu der sich laut Angaben der Veranstalterinnen mehr als 50.000 Menschen einfanden.

Auf den ersten Blick scheint das Anliegen Schwarzers und Wagenknechts ein nobles zu sein. Nach dem unermesslichen Leid, das dieser Krieg für die ukrainische Zivilbevölkerung mit sich gebracht hat, solle Deutschland und die Weltgemeinschaft sich nun endlich für eine Verhandlungslösung einsetzen. Statt ukrainischen Forderungen nach immer mehr und immer schwereren Waffen nachzugeben, müsse endlich dafür gesorgt werden, dass beide Kriegsparteien gegenseitige Zugeständnisse machten und sich kompromissfähig zeigten. Der Krieg, so Wagenknechts Mantra in zahllosen Talkshow-Runden, könne nicht gewonnen werden, sondern führe letztlich alle in die Katastrophe.

Unter den Erstunterzeichner:innen finden sich zahlreiche prominente Namen aus Politik und Gesellschaft: Der Armutsforscher Christoph Butterwegge, die Theologin Margot Käßmann, der Psychologe Rainer Mausfeld, der Ex-Diplomat Michael von der Schulenburg, die Schauspielerin Katharina

Thalbach und die Schriftstellerin Nathalie Weidenfeld sind nur einige derer, die sich unter dem Manifest wiederfinden.

Ein Manifest aus der Mitte der Gesellschaft also? Warum sollte es problematisch sein, ein solches Manifest zu unterzeichnen, wenn es um solch ein hehres Ziel geht? Der Duktus des Manifests und insbesondere der Kundgebung zeigte jedoch überdeutlich, dass das Ansinnen bestenfalls naive, schlimmstenfalls zynische, jedenfalls aber populistische Züge getragen hat. Es steht emblematisch für die Gefahr, der ein Teil der Friedensbewegung ausgesetzt ist, nämlich die eigene Glaubwürdigkeit durch das Abrutschen in populistische Diskurse aufs Spiel zu setzen.

Tatsächlich sind die beiden – wissentlich oder unwissentlich – in Populismusfallen getappt, sodass ihre Friedensinitiative dem eigentlichen Ziel einer differenzierten und zielorientierten Debatte über den Frieden für die Ukraine letztlich einen Bärendienst erweisen musste. Nun wäre es verfehlt, Wagenknecht und Schwarzer allein an den Pranger zu stellen. Vielmehr finden sich im Vorgehen der beiden populistische Äußerungs- und Handlungsmuster wieder, die sich schon seit Beginn des russischen Angriffskriegs auf die Ukraine 2014 den Weg gebahnt haben und von Teilen Friedensbewegung propagiert werden. Im Folgenden sollen diese Populismusfallen entlarvt werden. Dabei geht es keineswegs darum, die Forderung nach Frieden selbst als populistisch darzustellen – im Gegenteil. Fraglich ist allerdings, wann, wie, von wem und vor allem unter welchen Umständen eine solche Forderung gestellt werden darf, wenn sie nicht zynisch, sondern sachlich aufgefasst werden soll.

Die Friedensbewegung muss, so die These dieses Kapitels, gegenwärtige Diskursmuster selbstkritisch hinterfragen, um sich durch die notwendige Differenziertheit ihrer Forderungen Glaubwürdigkeit zu verschaffen.

Ein in der Debatte immer wieder vertretener Standpunkt besagt, dass das Ansinnen der Friedensbewegung von einer Mehrheit der Bevölkerung getragen werde. Da diese sich aber wahlweise nicht äußern könne oder schlichtweg nicht gehört werde, müsse man sich zu deren Sprachrohr aufschwingen. ‚In was für einer Demokratie leben wir denn, wenn die Stimme des Volkes überhaupt nicht mehr gehört wird?‘, so der Unterton dieses populistischen Narrativs.

Zwar ist nicht zu bestreiten, dass die Forderung nach Frieden im Kontext des russischen Angriffskriegs auf die Ukraine keine sektiererische Sondermeinung ist; tatsächlich wird man wohl keinen vernünftigen Menschen inner- und außerhalb der Ukraine finden, der sich nicht sehnlichst für den Frieden im Land aussprechen würde. Unausgesprochen bleibt – so auch im Manifest Schwarzers und Wagenknechts – hingegen, dass „die Hälfte der Deutschen Bevölkerung“ sich ebenso für Waffenlieferungen wie für den Frieden in der Ukraine ausgesprochen hat.

Mit diesem Befund kann nun auf zweierlei Weisen umgegangen werden: Entweder man folgt der vereinfachenden Dichotomie von unbedingtem Friedenswillen versus Waffenlieferungen und spricht all jenen, die sich trotz der Befürwortung von Waffenlieferungen für den Frieden einsetzen, wahlweise die Rationalität, den Friedenswillen oder die Glaubwürdigkeit ab und kanzelt sie schlichtweg als Kriegstreiber:innen ab. Oder aber man bemüht sich um eine differenziertere und weniger polarisierende Sichtweise, in der Raum dafür bleibt, dass die Forderung nach sofortigen Verhandlungen und Frieden in einem Krieg mit eindeutigem Aggressor einen vorschnellen Pragmatismus von dritter Seite möglicherweise zynisch wirken lassen könnte.

Die populistische These der schweigenden Mehrheit (‚*silent majority*') wird im friedenspolitischen Diskurs vielfach eingesetzt, um dem eigenen Standpunkt Nachdruck zu verleihen und die eigene Stimme als Stimme des Volkes (‚*vox populi*') erscheinen zu lassen: „Es ist Zeit, uns zuzuhören!", fordern die Initiatorinnen des Manifests für den Frieden. Endlich wird die Mehrheit der Bevölkerung gehört, endlich findet wirkliche demokratische Repräsentation statt, endlich sind die Grundbedingungen für einen Diskurs auf Augenhöhe überhaupt geschaffen, so die Stoßrichtung solcher Äußerungen. Eine solche Argumentation kommt der Definition des Populismus durch Jan-Werner Müller gefährlich nahe. Diesem zufolge impliziert der Populismus eine fundamentale Elitenkritik sowie einen antipluralistisch und moralisch aufgeladenen Anspruch auf Alleinvertretung des ‚wahren' Volkes.

Gepaart ist der Anspruch auf Repräsentation der eigenen Meinung teilweise mit einem Medien-Bashing, das von einer Diskursverzerrung durch die Massenmedien ausgeht. In ihrem Buch *Die vierte Gewalt. Wie Mehrheitsmeinung gemacht wird, auch wenn sie keine ist*[2] sprechen etwa Richard David Precht und Harald Welzer von sogenannten „*unmarked spaces*", oder bestimmten Meinungen und Positionierungen, die medial ausgeblendet und damit zu ‚Nicht-Gegenständen' politischer Debatten gemacht würden. Das Argument kann also in beide Richtungen vorgebracht werden: In dem Maße, wie die eigentliche Mehrheitsmeinung strukturell vernachlässigt wird, bauschten ‚die Medien' Minderheitenmeinungen zu Mehrheitsmeinungen auf und verzerrten dadurch nicht nur den Diskurs und die politische Meinungsbildung, sondern letztlich auch politische Entscheidungen.[3]

Natürlich wird man im digitalen Zeitalter nicht umhinkommen, anzuerkennen, dass bestimmte Prozesse und auch die mediale Berichterstattung anfällig für Verzerrungen sind.

Populistisch wird dieses Argument erst durch den Kontext, innerhalb dessen es eingebracht wird. Stilisiert man sich im Diskurs selbst zum Mitglied einer vermeintlichen Minderheit und beharrt möglicherweise noch darauf, dass die eigene Meinung absichtlich ungehört bleibe, so verliert die Kritik ihre Sachlichkeit und wird im Sinne der eigenen Ziele instrumentalisiert. Fatal ist ein solches Argumentationsmuster nicht nur deshalb, weil seine jeweiligen Verfechter:innen die eigene Glaubwürdigkeit aufs Spiel setzen, sondern vor allem, weil die Stimme derer, die am dringendsten gehört werden müssten, ignoriert wird.

Die Entmündigung der Leidtragenden

Es ist frappierend, dass diejenigen, deren Stimme in der Debatte um den Frieden in der Ukraine am lautesten hörbar sein müsste, von der Friedensbewegung weitestgehend ignoriert wird. Dabei geht es nicht nur darum, dass auf vielen der Friedensdemonstrationen, so auch auf der von Sahra Wagenknecht und Alice Schwarzer initiierten Friedenskundgebung, kaum ukrainische Flaggen gezeigt wurden. Es geht vielmehr auch darum, die substanzielle Meinung weiter Teile der ukrainischen Zivilbevölkerung und der ukrainischen politischen Klasse wahrzunehmen und zu berücksichtigen. Selbst wenn der Appell für den sofortigen Stopp der Waffenlieferungen und für Verhandlungen nicht direkt mit dem ukrainischen Recht auf Selbstverteidigung in Verbindung gebracht wird, muss es für die Betroffenen zynisch und bevormundend wirken, wenn über ihre Köpfe hinweg schnelle und vermeintlich gute Lösungen gefordert werden. Um wen geht es in der Debatte wirklich? Um den Beweis, dass die eigenen friedensethischen Prämissen noch immer tragfähig sind, koste es, was es wolle? Geht es darum zu zeigen, dass man trotz allem noch den klaren Durchblick hat und sich im Stande sieht, für alle Beteiligten die beste Lösung vorzuschreiben? Um den Aufweis, dass ethische Dilemmata eigentlich keine sind und es immer einen eindeutigen Weg gibt?

Sei es aus Naivität, Voreingenommenheit oder maßloser Selbstüberschätzung: In der Beobachtung der Debatte kann man sich des Eindrucks nicht erwehren, dass den Betroffenen des Kriegs nur geringe Handlungs- und Sprachfähigkeit zugeschrieben wird.

‚Wir sind nicht Unterstützer:innen eines Landes, das sich unter Berufung auf sein Recht auf Selbstverteidigung gegen einen Aggressor wehrt, sondern Chefstrateg:innen, Sicherheitsexpert:innen und Vermittler:innen, deren moralischer Kompass ohne Rücksicht auf Verluste maßgebend ist', so könnte man den Anspruch mancher Vorstöße charakterisieren. Dass eine solche Selbstüberschätzung realitätsblind ist, zeigt sich bereits bei einem nüchternen Blick auf den Verlauf des Angriffskriegs seit dem 24. Februar 2022. Die ukrainische Armee wie auch die Zivilbevölkerung haben nicht aufgehört, einer zahlenmäßig weit überlegenen russischen Armee einschließlich externer Söldnertruppen Widerstand zu leisten, und alle, die einen russischen Blitzkrieg erwartet hatten, eines Besseren belehrt. Selbst wenn das übersteigerte Selbstbewusstsein vieler Verfechter:innen des Friedens es suggerieren mag, so sind nicht sie es, die diesen Krieg tagtäglich hautnah erfahren müssen, sondern es sind die Ukrainer:innen. An ihnen vorbei wird es keinen Frieden für die Ukraine, sondern allenfalls einen Frieden für Europa über die Ukraine hinweg geben können. Andrij Melnyk, ehemaliger ukrainischer Botschafter in Berlin, bringt dies in seiner Reaktion auf den Appell *Frieden schaffen! Waffenstillstand und Gemeinsame Sicherheit jetzt!*, der von Peter Brandt und weiteren namhaften Persönlichkeiten lanciert worden war, in gewohnt unverblümter Sprache zum Ausdruck: „Schert euch zum Teufel mit eurer senilen Idee, einen ‚schnellen Waffenstillstand‘ zu erreichen und ‚den Frieden nur mit Russland zu schaffen.‘ Die Ukraine lehnt diesen Firlefanz ab. Punkt.“

In einem Angriffskrieg kann die *ultima ratio* nicht sein, Waffenlieferungen und Friedensverhandlungen als sich gegenseitig ausschließende Pfade darzustellen. Vielmehr muss anerkannt werden, dass – und dies ist auch die Linie der ukrainischen Führung – die Ukraine durch die Waffenlieferungen überhaupt erst in die Position gebracht wird, sich selbst zu verteidigen. Vorschnell Friedensverhandlungen zu fordern, bedeutet insofern, den Frieden zu russischen Konditionen zu billigen. Dass ein solcher Friede dieser Bezeichnung indes nicht würdig wäre, sondern eher einer Erpressung gleichkäme, haben die ukrainischen Verantwortungsträger:innen mehrfach überdeutlich gemacht.

Dass weiten Teilen der Friedensbewegung dennoch nichts Besseres einfällt, als „Frieden schaffen ohne Waffen“ zu skandieren, zeugt davon, dass die Komplexität der Lage verkannt wird und – schlimmer noch – auch keine Bereitschaft zur Einsicht besteht. An der Reaktion auf den russischen Angriffskrieg zeigt sich im Brennglas, dass weite Teile der Friedensbewegung verzweifelt versuchen, alte Diskurs -und Deutungsmuster auf neue Kriege zu übertragen. Das aber leistet nicht nur dem angestaubten Image der Friedensbewegung Vorschub, sondern mündet in die Selbstreferentialität und den Glaubwürdigkeitsverlust.

Das Außer-Acht-Lassen der Handlungs- und Sprachfähigkeit der Betroffenen ist ein Muster, das auch in anderen Kontexten Schule gemacht hat und beinahe neo-imperiale Züge trägt. So ist frappierend, dass in der Friedensdebatte bisweilen der Eindruck erweckt wird, substanzielle Beiträge zu problemorientierten Lösungen seien nur aus Europa, maximal noch aus dem Westen, zu erwarten. Dass möglicherweise auch von anderen Regionen Impulse für eine ausgewogene

Friedensdebatte ausgehen könnten, wird nicht in Erwägung gezogen. Besonders drastisch wird dies am Beispiel des afrikanischen Kontinents deutlich. ‚Afrika' hat in der politischen Debatte wie auch in der Berichterstattung im Kontext des russischen Angriffskriegs weitestgehend dann eine Rolle gespielt, wenn es um die Auswirkungen der ukrainischen Getreideexporte und die sich verschärfende Ernährungssituation ging. Zwar ist richtig, dass die ausbleibenden Getreideexporte der Unterernährung in manchen Regionen, etwa in einigen Ländern Ostafrikas, dramatisch Vorschub geleistet haben. Einen Kontinent von 54 Ländern mit unterschiedlichsten Sprachen, Kulturen und geographischen Gegebenheiten über einen Kamm zu scheren und pauschal von einer Verschärfung des Hungers in Afrika zu sprechen, ist allerdings nicht nur allzu holzschnittartig, sondern zeugt von neokolonialen und kulturrassistischen Deutungsmustern. ‚Afrika', das ist in der Wahrnehmung vieler Beobachter:innen gewollt oder ungewollt nicht mehr und nicht weniger als eine Empfängerin globaler Getreidelieferungen. Die Vergegenständlichung Afrikas im Diskurs geht einher mit der Selbstüberschätzung europäischer Länder im Stile des *‚white saviourism'*: Selbst wenn die ukrainische Führung sich auf die Forderung nach sofortigen Verhandlungen nicht einlassen wolle, würden diese doch spätestens durch die bittere Armut in ‚Afrika' zum moralischen Imperativ. Dass alle afrikanischen Staaten eine für sich je eigene Antwort auf den russischen Angriffskrieg gefunden haben, die von der vollständigen Solidarisierung mit der Ukraine (etwa Tunesien) über die weitgehende Neutralität (etwa Ägypten oder Namibia) bis hin zur offenen Unterstützung Russlands (Eritrea) reicht, und durchaus im Stande sind, eigene außenpolitische Interessen zu artikulieren, droht dabei in den Hintergrund zu geraten. Das koloniale Mindset wirkt sich nicht nur in Bezug auf afrikanische Staaten und Kontexte aus, sondern wird implizit auch auf die Ukraine selbst übertragen. Der über Jahrhunderte internalisierte Impuls westlicher Staaten, anderen Nationen Patentrezepte aufzudrängen, ohne deren eigene Stimme ernsthaft zu berücksichtigen, findet in den zahllosen Friedensinitiativen seinen drastischen Niederschlag.

Die Methode des ‚Ja, aber ...'

Ein in den unzähligen Talkshows, Interviews und Stellungnahmen prominenter Vertreter:innen der Friedensbewegung häufig anzutreffendes Argumentationsmuster besteht darin, den medialen Fokus auf den russischen Krieg in der Ukraine insgesamt infrage zu stellen. Warum beschäftigt sich eine ganze Nation plötzlich mit Fragen von Krieg und Frieden, mit Waffenlieferungen, mit völkerrechtlichen Bestimmungen? Panzer, Raketenabwehrsysteme, Strategien der Kriegsführung: Was noch vor einigen Jahren als absolutes Expert:innenwissen galt, ist heute in aller Munde.

Verbunden ist dieser kritische Vorstoß nicht selten mit der rhetorischen Frage: Warum interessieren wir uns alle für den russischen Krieg in der Ukraine? Was ist zum Beispiel mit dem Krieg im Jemen, der seit Jahren tausende Menschenleben fordert und eine humanitäre Katastrophe nach sich zieht? So forderte etwa die Evangelische Kirche in Deutschland in einer Stellungnahme zum Krieg in der Ukraine: „Wir dürfen über die große Hilfs- und Spendenbereitschaft für die Ukraine nicht andere Kriegsregionen vergessen. Eine solche Verlagerung der Hilfsbereitschaft läuft auf Dauer Gefahr, als Folge des Krieges in der Ukraine Konflikte in anderen Weltgegenden zu verursachen und Menschen sterben zu lassen."[4]

Bei diesem Argumentationsmuster handelt es sich um ein klassisches Beispiel des Whataboutism. Dabei wird von einem Thema bzw. einer Problemstellung durch den Verweis auf eine andere Problemstellung abgelenkt. Um beim Beispiel des russischen Angriffskriegs und des Kriegs im Jemen zu bleiben: Durch den Verweis auf den internationalisierten Krieg im Jemen wird von der Kriegssituation in der Ukraine abgelenkt, um die Debatte weg von kontroversen Fragestellungen zu lenken. Natürlich ist es ein Faktum, dass sowohl in der Ukraine als auch im Jemen schreckliche Kriege toben. Fakt ist aber auch, dass das eine mit dem anderen nichts zu tun hat. Verschiedene Konfliktlagen gegeneinander auszuspielen, ist nicht nur sachlich falsch, sondern auch moralisch verwerflich, weil es zu einer Instrumentalisierung der Kriegsregionen und Betroffenen führt. Der Whataboutism im Beispiel suggeriert, dass es so etwas wie eine Aufmerksamkeitssummenkonstanz gebe. Die (mediale) Aufmerksamkeit, die dem Krieg in der Ukraine zukommt, werde dem Krieg im Jemen entzogen. Dass der mediale Fokus seit dem 24. Februar 2022 stark auf dem russischen Angriffskrieg in der Ukraine gelegen hat und andere Konfliktlagen in den Hintergrund gerückt sind, kann nicht bestritten werden. Die Frage aber bleibt, was mit dem Gegeneinander-Ausspielen von Kriegs- und Konfliktlagen erreicht werden soll. Ein solches Argumentationsmuster wird in der Debatte jedenfalls nicht zu einer intensiveren Auseinandersetzung mit anderen Konfliktlagen führen. Meist bleibt es bei einem Einwurf im Stile eines Totschlag-Arguments, auf das dann keine substanzielle Ausführung folgt.

Noch deutlicher wird dies bei der Beobachtung der Debatte zu den Kriegsverbrechen im Zuge des russischen Angriffskriegs. Oftmals ist die Reaktion auf die – oft drastische – Konfrontation mit russischen Kriegsverbrechen, die an der ukrainischen Zivilbevölkerung und den Soldat:innen verübt wurden, der Verweis, dass auf ukrainischer Seite ebensolche Kriegsverbrechen begangen würden. Während in Bezug auf Russland im Kriegsverlauf konstatiert werden muss, dass Kriegsverbrechen – etwa das Massaker in Butscha oder die Deportation von Kindern – strategisch eingesetzt werden, kann nicht bestritten werden, dass es nicht auch auf ukrainischer Seite zu Kriegsverbrechen gekommen wäre. Tatsächlich hat eine Untersuchung der von den Vereinten Nationen mandatierten *Independent International Commission of Inquiry on Ukraine* ergeben, dass sowohl von russischen als auch von ukrainischen Streitkräften Kriegsverbrechen verübt wurden. Jedes Kriegsverbrechen ist ein menschenverachtender Akt und muss verurteilt werden. Dabei darf keine Rolle spielen, von wem die Kriegsverbrechen verübt wurden. Wenn aber in der öffentlichen Debatte bei der Analyse russischer Kriegsverbrechen in der Ukraine darauf verwiesen wird, dass das zwar schrecklich sei, aber auch die Ukraine Kriegsverbrechen begangen habe, so kann man sich des Eindrucks nicht erwehren, ein Übel solle durch ein anderes legitimiert werden. Mit einer solchen Ablenkungsstrategie begibt man sich auf eine Ebene im Diskurs, in der eine sachliche Auseinandersetzung unmöglich wird und stattdessen Anschuldigungen aufeinanderprallen, deren Wahrheitsgehalt aufgrund der Hitzigkeit der Debatte oftmals nicht überprüft werden kann.

Die strategische Argumentation nach dem Prinzip des ‚Ja, aber …‘ mündet im Kontext des russischen Angriffskriegs auf die Ukraine beabsichtigt oder unbeabsichtigt in die Täter-Opfer-Umkehr. Die moralische Qualität des anfänglichen ‚Ja, die russischen Kriegsverbrechen sind absolut verachtungswürdig‘ wird durch das folgende ‚aber auf ukrainischer Seite werden ebenfalls Kriegsverbrechen verübt‘ zurückgenommen. Schlimmer noch, wird durch den Argumentationsgang insinuiert, es bestehe keinerlei Veranlassung, den Aggressor zu verurteilen, weil die Ukraine sich doch in mindestens demselbem Maße schuldig gemacht habe. Sahra Wagenknecht setzte in einer Ausgabe der Sendung *Hart aber fair* dem Whataboutism noch die Krone auf, als sie Kriegsverbrechen durch die Aussage „Das ist doch Teil des Krieges, und das ist nicht nur in diesem Krieg so. Kriege sind immer mit Kriegsverbrechen verbunden.“[5] insgesamt bagatellisierte und die übrigen Diskussionsteilnehmer:innen in eine Verteidigungsposition zu drängen suchte.

Gerade im Kontext des russischen Kriegs in der Ukraine ist der Whataboutism immer öfter auch mit einem latenten Anti-Amerikanismus gepaart. Man solle sich besser einmal mit den US-amerikanischen Kriegsverbrechen in Guantánamo, den Kriegen im Irak oder in Afghanistan, oder auch mit den menschenverachtenden Wirtschaftspraktiken westlicher Staaten in der Golf-Region auseinandersetzen, als pedantisch und moralinsauer auf russische Kriegsverbrechen aufmerksam zu machen.

Ein entscheidendes Ziel des Whataboutism ist, dem Gegenüber die moralische Berechtigung zur Ansprache eines bestimmten Aspekts abzusprechen und ihm oder ihr damit die Argumentationsgrundlage zu entziehen. Diese Strategie wird nicht nur in Bezug auf zwei parallele Tatbestände eingesetzt. Eine beliebte Spielart des Whataboutism im Ukrainekrieg zeigt sich wiederum in der Frage der Legitimität von Waffenlieferungen. Als sich Teile der grünen Partei nach langer interner Debatte für Waffenlieferungen ausgesprochen hatten, wurde dies vielfach als Bruch mit der eigenen Identität als Friedenspartei gewertet. Dass die Partei niemals von der Priorisierung ziviler und präventiver Konfliktlösungsansätze abgewichen ist und Waffenlieferungen in Kriegsgebiete nur zur Selbstverteidigung nach Maßgabe des Völkerrechts legitimiert, ging in der Debatte vollends unter. Stattdessen sahen sich politische Verantwortungsträger:innen einem Whataboutism ausgesetzt, der darauf zielte, die Diskussionsgrundlage zu unterminieren: ‚Wo bleibt die Authentizität, wenn sich jemand, der gestern noch jegliche

Waffenlieferungen vehement abgelehnt hat, heute für die Lieferung schwerster Waffen ausspricht?', so der Tenor der Angriffe. Der Whataboutism liegt dabei nicht im Verweis auf eine andere Sachlage, mit der die Aufmerksamkeit vom eigenen Thema abgelenkt werden soll; vielmehr wird eine sachliche Auseinandersetzung mit der Frage der Waffenlieferungen an die Ukraine dadurch verhindert, dass durch den Verweis auf frühere Positionierungen einer Person oder Partei vermittelt werden soll, dass deren Äußerungen durch eine 180-Grad-Wende jegliche Legitimität verloren hätten. Unterbelichtet bleibt dabei, dass eine vermeintlich so radikale Meinungsänderung auch als Fortschreiten auf einer Lernkurve oder als Reaktion auf sich radikal geändert habende Rahmenbedingungen gewertet werden könnte.

Warum aber werden solcherlei Argumentationsmuster im Diskurs überhaupt vorgebracht? Geht es wirklich darum, Putin und seinen barbarischen Angriffskrieg zu relativieren? Ist man nicht gewillt, der Wahrheit ins Gesicht zu sehen und mit Fakten auch als solchen umzugehen, anstatt diese zu relativieren oder in die Gegenoffensive überzugehen? In den meisten Fällen wird man dies wohl kaum behaupten können. Vielmehr wird man anerkennen müssen, dass sich in bestimmten politischen Kreisen und auch einem Teil der Friedensbewegung in den letzten Jahrzehnten eine latent pro-russische bzw. anti-amerikanische Haltung den Weg gebahnt hat, die nun gewissermaßen in deren DNA übergegangen ist. Fatal ist, dass in der Folge jegliche russlandkritische Äußerung – unabhängig von der Faktenlage – einem Generalverdacht ausgesetzt wird und Ausflüchte bis hin in die Verschwörungstheorie gesucht werden. Ein drastisches Beispiel hierfür ist etwa Daniele Ganser, der als promovierter Historiker in seinen Publikationen unter dem Deckmantel der Wissenschaftlichkeit die Grenze zur Verschwörungstheorie überschritten hat und beliebige Themen mit einem Antiamerikanismus zu ‚erklären' (und monetarisieren) weiß.

Diesem Narrativ des Antiamerikanismus folgend ist der Krieg Russlands gegen die Ukraine die folgerichtige Reaktion auf eine vom Westen in Gang gesetzte Eskalationsspirale, die ihren Ausgang im Kalten Krieg genommen habe. Zur Provokation habe maßgeblich die NATO-Osterweiterung beigetragen. Die NATO habe entgegen ihrer verbindlichen Zusage in mehreren Erweiterungsrunden ehemalige Mitgliedsstaaten des Warschauer Pakts in das Verteidigungsbündnis aufgenommen und sich dadurch zur unmittelbaren Bedrohung der Russischen Föderation entwickelt.

Dieser Vorwurf wurde von Russlands Präsident Wladimir Putin mehrfach vorgebracht und wird innerhalb der Friedensbewegung vielfach rezipiert. Allerdings entbehrt er jeglicher faktischen Grundlage. In den Zwei-Plus-Vier-Verträgen zwischen der BRD und der DDR einerseits und den Vereinigten Staaten, Großbritannien, Frankreich und der Sowjetunion andererseits ist keinerlei Klausel enthalten, in der eine Osterweiterung der NATO ausgeschlossen worden wäre. Zwar ist richtig, dass sich führende Außenpolitiker, darunter der westdeutsche Außenminister Hans-Dietrich Genscher im Vorfeld der Verhandlungen gegen eine NATO-Osterweiterung ausgesprochen hatten, um sowjetische Sicherheitsinteressen zu wahren. In die vertraglichen Bestimmungen fanden diese Äußerungen indes keinen Eingang. Auch der frühere sowjetische Staats- und Parteichef Michail Gorbatschow bestätigte später, in den Verhandlungen sei die NATO-Osterweiterung nicht zur Sprache gekommen. Dass diese Aussagen nicht anzuzweifeln sind, wird auch durch die Folgepolitik der NATO und Russlands deutlich. So wurde 1997 die sogenannte NATO-Russland-Grundakte unterzeichnet, in der das Vetorecht einer Seite gegenüber der Politik der anderen Seite explizit vertraglich ausgeschlossen wurde:

„Die Bestimmungen dieser Akte räumen der NATO oder Russland in keinerlei Hinsicht ein Vetorecht über die Handlungen der jeweils anderen Seite ein, noch beeinträchtigen oder beschränken sie die Rechte der NATO oder Russlands auf unabhängige Entscheidungsfindung und unabhängiges Handeln. Sie dürfen nicht als Mittel zur Beeinträchtigung der Interessen anderer Staaten dienen."[6]

Neben dieser Klausel wurde unter anderem auch die Errichtung des gemeinsamen NATO-Russland-Rats beschlossen, der das Vertrauen zwischen beiden Vertragsparteien stärken sollte. Im Zuge der Annexion der Krim durch Russland 2014, die Wladimir Putin explizit mit der NATO-Osterweiterung zu rechtfertigen suchte, suspendierten die NATO-Bündnispartner jegliche zivile Kooperation mit Russland. Die institutionelle Struktur des Russland-NATO-Rats blieb davon aber unberührt und tatsächlich fanden 2016 nochmals Dialogtreffen statt. Seit der Ausweitung des Kriegs Russlands gegen die Ukraine am 24. Februar 2022 ist der Russland-NATO-Rat de facto suspendiert.

Der Ausschluss des Vetorechts in den gegenseitigen Angelegenheiten blieb nicht der einzige Schritt, der einer NATO-Osterweiterung den Weg bahnte. Vielmehr impliziert auch die Vertragsklausel der NATO-Russland-Grundakte, die NATO-Staaten hätten „nicht die Absicht, keine Pläne und auch keinen Anlass [...] nukleare Waffen im Hoheitsgebiet neuer Mitglieder zu stationieren" – und dies hat tatsächlich nie stattgefunden –, dass eine Osterweiterung nicht kategorisch ausgeschlossen wurde.

Einen vorläufigen Tiefpunkt erreichten die Beziehungen zwischen der NATO und Russland allerdings, als die NATO auf dem Bukarest-Gipfel 2008 auf Drängen der US-amerikanischen Delegation folgende Bestimmung in die Schlussakte aufnahm: „Die NATO begrüßt die euro-atlantischen Bestrebungen der Ukraine und Georgiens, die dem Bündnis beitreten wollen. Wir kamen heute überein, dass diese Länder NATO-Mitglieder werden." Allerdings wurde in den folgenden Bestimmungen ausgeführt, dass die Zusammenarbeit mit der Ukraine und Georgien zunächst über das Instrument des *Membership Action Plan* (MAP) intensiviert werden sollte. Wenngleich der MAP auf eine potentielle künftige Mitgliedschaft des jeweiligen Landes ausgerichtet ist, blieb die Entscheidung der NATO-Bündnispartner über die tatsächliche Mitgliedschaft doch unberührt. Dennoch folgte der heftige Protest der russischen Regierung prompt – hatte Wladimir Putin doch auf der Münchner Sicherheitskonferenz 2007 erneut unterstrichen, dass die NATO-Osterweiterung einen Vertragsbruch darstellen würde. Als Beleg führte er die Rede des NATO-Generalsekretärs Manfred Wörner an, der in seiner Rede vom 17. Mai 1990 zu Protokoll gegeben habe, dass die Tatsache, dass man keine NATO-Truppen außerhalb des Territoriums der Bundesrepublik Deutschlands stationieren wolle, der Sowjetunion starke Sicherheitsgarantien gebe. Tatsächlich stammt diese Äußerung aus dem Redemanuskript Manfred Wörners; unterschlagen wird dabei allerdings, dass aus dem Kontext der Rede eindeutig hervorgeht, dass die Zusicherung auf ostdeutsches Territorium bezogen war. Dies ergab sich bereits aus dem Kontext des Zwei-Plus-Vier-Vertrags, in dem es um die wiedervereinigte Zukunft Deutschlands ging, und wurde durch nachfolgende Pressemeldungen nochmals bestätigt. Dass die NATO-Osterweiterung keinen Vertragsbruch durch die NATO-Bündnispartner darstellte, kann also nicht bestritten werden. Damit ist freilich noch nicht gesagt, dass die Ost-Erweiterung ein politisch angezeigter Schritt gewesen oder von Russland nicht tatsächlich als Bedrohung aufgefasst worden wäre.

Das Narrativ von der Rechtfertigung der Annexion der Krim und auch der Ausweitung des russischen Angriffskriegs gegen die Ukraine angesichts einer illegalen NATO-Osterweiterung ist damit allerdings als gegenstandslos zurückzuweisen und darf von der Friedensbewegung auch nicht als Referenzpunkt für eine vermeintliche Mitschuld der NATO am russischen Angriffskrieg instrumentalisiert werden.

Wie aus richtigen Daten falsche Informationen werden

Wie aber ist nun mit den beschriebenen Populismusfallen umzugehen? Die Rede von Populismusfallen impliziert zunächst einmal, dass den Mitgliedern der Friedensbewegung grundsätzlich gute Absichten unterstellt werden können. Nur in den seltensten Fällen wird man behaupten können, dass der Einsatz populistischer Argumentationsmuster in manipulativer Absicht geschieht. Dennoch ist auch die unbeabsichtigte Übernahme populistischer Diskurspraktiken mit erheblichen Risiken verbunden. Die Kundgebungen für den Frieden infolge des russischen Angriffskriegs auf die Ukraine haben gezeigt, dass die Gefahr der Vereinnahmung der Friedensbewegung durch rechtsradikale Kräfte real ist. Dieser Gefahr mit dem Hinweis zu begegnen, dass die Friedensbewegung allen Menschen guten Willens unabhängig von deren politischer Einstellung offenstehe, ist bestenfalls naiv, eher aber grob fahrlässig.

Will die Friedensbewegung ihre Glaubwürdigkeit auch künftig wahren, so wird sie eine gut informierte und faktenbasierte Bewegung sein müssen. Das Postulat der Faktenbasiertheit darf nicht dabei stehen bleiben, nur einzelne Daten zu überprüfen. Die Diskursmuster der schweigenden Minderheit und des Whataboutism zeigen vielmehr, dass gerade die Verknüpfung von Daten zu Informationen populismusanfällig ist: Aus richtigen Daten können falsche Informationen werden.

Es kann nicht bestritten werden, dass nicht auch von ukrainischer Seite in einzelnen Fällen Kriegsverbrechen begangen worden wären; durch das Einbringen dieses Faktums in den Gesamtzusammenhang des Diskurses entstehen allerdings nicht selten Falschinformationen. Und ebenso wenig kann bestritten werden, dass etwa das im Namen der Ukraine kämpfende Asow'sche Regiment neonazistische Tendenzen aufweist; von einer Splitterbewegung auf die mangelnde Legitimität der Verteidigung einer ganzen Nation zu schließen und damit dem Narrativ des Aggressors zu folgen, ist allerdings fatal. Es kommt also gerade in einer moralisch aufgeladenen Debatte in hohem Maße auf Kontexte und Kontextualisierungen von Daten an. Ein argumentatives Vorpreschen im Stile des ‚Das wird man doch wohl noch sagen dürfen …' ist dem Anliegen des nachhaltigen Friedens nicht zuträglich, sondern folgt einem aufmerksamkeitsökonomischen Kalkül.

In Kriegssituationen, in denen Aggressor und Angegriffene klar benannt werden können, ist es nicht egal, wann von wem welche Informationen vorgebracht werden, weil die Umstände der Positionierung unmittelbare moralische Implikationen haben. Dies ist auch selbsternannten Expert:innen wie Daniele Ganser oder Ulrike Guérot vorzuwerfen, die unter dem Deckmantel der Wissenschaftskommunikation mit teilweise kruden Thesen hohe Reichweiten erzielen. Fatal ist, dass gleichzeitig fundierte wissenschaftliche Analysen ausgewiesener Osteuropaexpert:innen oft unberücksichtigt bleiben.

In der Zusammenschau der Populismustendenzen in der Friedensbewegung fällt auf, dass viele Diskursmuster durch den Versuch, die teilweise unüberschaubare Komplexität des Konfliktgeschehens zu reduzieren, geprägt sind. Dies bezieht sich nicht allein auf die Faktenlage von Kriegsursachen, -verlauf und -folgen, sondern auch auf friedensethische Aspekte.

Soll der Westen nun Waffen in die Ukraine liefern oder nicht? Muss die Friedensbewegung an der Option für die Gewaltfreiheit festhalten oder kann es in bestimmten Situationen – etwa im Falle der Selbstverteidigung – legitime Ausnahmen davon geben? Es würde von einem verkürzten Verständnis zeugen, diese ethischen Dilemmata vorschnell in die eine oder andere Richtung auflösen zu wollen, ist doch Hauptdefinitionsmerkmal eines Dilemmas, dass eine solche Auflösung eben nicht möglich ist. Zentral ist bei allen Erwägungen, dass die Perspektive der vom Krieg betroffenen und an einem Frieden unbedingt zu beteiligenden Menschen oberste Priorität haben muss. Gewaltfreiheit darf niemals eine Forderung von außen, sondern kann allenfalls eine freie Wahl der Leidtragenden sein.

Die Friedensbewegung muss sich zur Aufgabe machen, Komplexitäten anzuerkennen, ethische Dilemmata ernst zu nehmen und Ambiguitäten auszuhalten. Nur so kann sie ihrer Stimme im politischen Raum Glaubwürdigkeit verschaffen. Statt mit der vermeintlichen Alternativlosigkeit der einen oder anderen Handlungsoption konfrontiert zu werden, können Entscheidungsträger:innen ihrer Verantwortung nur dann gerecht werden, wenn sie auf die Implikationen verschiedener Handlungsoptionen hingewiesen werden. Dazu kann eine faktenbasierte Friedensbewegung einen entscheidenden Beitrag leisten.

6. Eine Friedensethik der Verhältnismäßigkeit

Mit der Ausweitung der russischen Invasion in die Ukraine wurden nicht nur viele friedenspolitische Positionen mit einem Mal auf den Prüfstand gestellt. Vielmehr wurden auch an vielen seit Langem gehegten friedensethischen Paradigmen Zweifel angemeldet. Eine Reform der Friedensbewegung muss schon deshalb die friedensethischen Prämissen einschließen, weil sie Grundlage jeglicher friedenspolitischer Agenda sind oder wenigstens sein sollten.

Vom gerechten Krieg zum gerechten Frieden und zurück?

Ein herausragendes Beispiel für die Trendwende in der Friedensethik stellen die friedensethischen Debatten innerhalb der christlichen Kirchen im deutschsprachigen Raum dar. Hatte insbesondere die katholische Kirche über Jahrhunderte am Paradigma des ‚Gerechten Kriegs' (*bellum iustum*) festgehalten, so hatte sich in den 1990er Jahren eine Trendwende angebahnt, die von der Deutschen Bischofskonferenz im Dokument *Gerechter Friede* vom 27. September 2000 endgültig bestätigt wurde. Kerngedanke dieses friedensethischen Paradigmas ist das Festhalten am Primat der Gewaltfreiheit. Einer bellizistischen Logik des ‚*Si vis pacem para bellum*' (dt.: Wenn du den Frieden willst, bereite den Krieg vor) wurde angesichts neuer Ansätze ziviler Konfliktbearbeitung das Motto ‚*Si vis pacem para pacem*' (dt.: Wenn du den Frieden willst, bereite den Frieden vor) gegenübergestellt: „Äußerste Anstrengungen, Gewalt zu vermeiden, sind nicht bloß empfohlen, sondern im strikten Sinne verpflichtend"[1], so die Bischöfe in ihrem Schreiben. Bereits damals waren sich die Autoren bewusst, dass ihr Schreiben angesichts der weltweit grassierenden Konflikte den Eindruck eines kühnen, wenn nicht gar zynischen Unterfangens erwecken konnte. Staatszerfallskriege auf dem Gebiet der ehemaligen Sowjetunion, der Bürgerkrieg in Sierra Leone und der Genozid in Ruanda sind nur die drastischsten Beispiele dafür, dass keinerlei Grund zum Optimismus bestand. Dass das Schreiben dennoch veröffentlicht wurde, lässt vermuten, dass die Möglichkeit eines zwischenstaatlichen Angriffskriegs zumindest auf dem europäischen Kontinent für unmöglich gehalten wurde. Man hoffte, Kriege durch die Verwirklichung der Menschenwürde in den jeweiligen Gesellschaften gänzlich verhindern zu können. Einige Jahre später schloss sich auch der Rat der Evangelischen Kirche in Deutschland dem Paradigmenwechsel an und verabschiedete die Denkschrift *Aus Gottes Frieden leben – für gerechten Frieden sorgen.* Wie auch das Dokument der katholischen Bischöfe setzte der Rat zur Sicherung des Friedens gänzlich auf die Instrumente des Multilateralismus und insbesondere die Vereinten Nationen als Garantin einer globalen und rechtlich abgesicherten Friedensordnung.

Der ‚gerechte Friede', wie er in der christlichen Friedensethik ausbuchstabiert wurde, ist also weniger ein ethisches Ziel zur Wiederherstellung des Friedens im Kriegsfall; vielmehr ist er ein präventives Konzept, um den Ausbruch eines Kriegs überhaupt zu verhindern. Obwohl eine Übertragung des ‚gerechten Friedens' auf die russische Invasion in der Ukraine auf den ersten Blick nicht unbedingt naheliegen mag, wurde es in der gesellschaftlichen und internationalen Debatte von verschiedenen Seiten bemüht. So reagierte etwa der ukrainische Präsident Selenskyi verärgert auf eine von Papst Franziskus ausgehende Friedensinitiative: „Bei allem Respekt für den Papst: Wir brauchen keine Vermittler zwischen der Ukraine und dem Aggressor, der unsere Gebiete besetzt hat, sondern einen Aktionsplan für einen gerechten Frieden in der Ukraine."[2] Mit der Forderung nach einem gerechten Frieden bezog sich der ukrainische Präsident offensichtlich nicht auf ein Präventivkonzept, sondern auf einen Friedensplan im bereits eingetretenen Kriegsfall. Nach einem von ihm ausgearbeiteten 10-Punkte-Friedensplan soll der gerechte Friede unter anderem die Wiederherstellung der territorialen Integrität der Ukraine, die Freilassung aller Kriegsgefangenen, die Verurteilung von Kriegsverbrechern, die Verhinderung eines Ökozids und Sicherheitsgarantien für die Ukraine umfassen.[3] Obwohl auch im Zuge der vatikanischen Friedensinitiative tatsächlich von der Suche nach einem gerechten Frieden die Rede war, könnten die Unterschiede zum präventiven Konzept markanter kaum sein. Ist dies der Beweis dafür, dass das Paradigma des ‚gerechten Friedens', wie es von den christlichen Kirchen vertreten worden war, letztlich nur einer Illusion anhing, angesichts eines zwischenstaatlichen Angriffskriegs auf europäischem Territorium aber jede Gültigkeit verloren hat? Hatten die russischen Aggressionen gegen die Ukraine nicht schon seit Jahren aufgezeigt, dass Instrumente der friedlichen Konfliktprävention spätestens bei einem Despoten mit geschichtsklitternden Großmachtphantasien an ihre Grenzen kommen? Bei vielen Vertreter:innen der christlichen Friedensethik machten sich nach der Ausweitung der Invasion 2022 derlei Schlussfolgerungen breit. So bekennt etwa der Sozialethiker Markus Vogt: „Wir hätten viel früher wachsam sein müssen. [...] Die Erfahrungen der letzten Wochen haben eine Lücke in der ethischen Debatte offenbart, die uns zwingt diese theoretischen Defizite zügig auszugleichen."[4] Demgegenüber wehrte sich der evangelische Theologe Eberhard Pausch gegen den vielerorts erklingenden Ruf nach einer Neuformulierung oder wenigstens einer Rekalibrierung der Friedensethik und betonte, dass die Missachtung friedensethischer Grundprämissen nicht zu deren Ungültigkeit führe: „Die friedensethischen Grundsätze gelten weiter, so, wie die Grammatik einer Sprache auch dann gilt, wenn die Sprechenden sie nicht befolgen.“[5] Statt von einer friedensethischen Zeitenwende müsse man insofern eher von einer „Erkenntniswende“[6] in Bezug auf Putins außenpolitische Absichten sprechen.

Manfred Spieker geht in der Analyse gar so weit, zu attestieren, dass die Doktrin des ‚gerechten Kriegs‘ de facto niemals ein Ende gefunden habe oder wenigstens kein Ende hätte finden dürfen. Friedenssicherende Einsätze, humanitäre Interventionen und eben auch die Wahrnehmung des Selbstverteidigungsrechts nach Art. 51 der UN-Charta entsprächen im Grundsatz einem gerechten Krieg. Ist die vom Westen unterstützte Verteidigung der Ukraine friedensethisch nun Ausdruck des Strebens nach einem gerechten Frieden oder eines gerechten Kriegs? Besteht womöglich in der friedensethischen Grundlegung bei näherem Hinsehen gar kein eklatanter Unterschied?

Tatsächlich offenbart die detaillierte Analyse der kirchlichen Grundlagendokumente zum gerechten Frieden, dass der Fall der individuellen bzw. kollektiven Selbstverteidigung nicht ausgeklammert wurde. Die katholischen Bischöfe betonen etwa, dass das Militär eines Landes zur Landesverteidigung und Einhaltung der Bündnispflichten aufgerüstet werden dürfe. Darüber hinausgehende Bestrebungen seien im Hinblick auf die Gefahr eines Wettrüstens allerdings kategorisch abzulehnen.[7] Dass der Einsatz von Gewalt im Verteidigungsfall durchaus legitim sein kann, beweist spätestens der Passus zur Selbstverteidigung eines Staates: „Die Anwendung von Gegengewalt kommt überhaupt nur als *ultima ratio* in Betracht. Alle anderen Mittel, dem Recht eines angegriffenen Staates oder den fundamentalen Rechten von Menschen einen Weg zu bahnen, müssen ausgeschöpft sein. Denn auch wenn sie der Verteidigung elementarer Rechtsgüter dient, bringt Gewaltanwendung rasch ein nur schwer begrenzbares Ausmaß von Leid mit sich; sie bedeutet deswegen ein schwerwiegendes Übel, mag es sich auch um das geringere Übel handeln."[8] Ebenso wie die katholischen Bischöfe bemüht sich auch der Rat der Evangelischen Kirche in Deutschland um die Gratwanderung zwischen dem Festhalten am Primat der Gewaltfreiheit und der Legitimität der Selbstverteidigung. Auch in der Denkschrift wird explizit auf die Legitimität „rechtserhaltender Gewalt" im Falle eines Angriffskriegs eingegangen. Wolle man verhindern, dass ein völkerrechtlicher Rechtsbruch in eine Erosion des Völkerrechts münde, könne der Einsatz von Gewalt im Rahmen der völkerrechtlichen Grenzen legitim sein. Auch das Selbstverteidigungsrecht eines Staates sei in den von der UN-Charta festgelegten Grenzen zu gewährleisten. Dem Rat der Evangelischen Kirche in Deutschland ist in seiner klaren Abgrenzung der „rechtserhaltenden Mittel" vom Konzept des „gerechten Kriegs" durchaus zuzustimmen. So wurde die Doktrin vom gerechten Krieg zu einer Zeit entwickelt, in der der Krieg durchaus noch als legitimes Mittel der Politik gegolten hatte. Statt auf die grundsätzliche Vermeidung des Kriegs hinzuwirken, hat die Lehre vom gerechten Krieg zum Ziel, einen Prüfmaßstab für bereits erfolgende Kriegshandlungen zur Verfügung zu stellen.[9] Selbst wenn die rechtserhaltenden Maßnahmen bzw. die Selbstverteidigung letztlich eine Teilmenge der durch das Konzept des gerechten Kriegs legitimierten Kriegshandlungen darstellen mögen, verbieten es die dahinterstehenden Grundannahmen, im Fall eines Verteidigungskriegs nach Art. 51 von einem gerechten Krieg im klassischen Sinne zu sprechen. Dies würde implizit die Extremsituation des Verteidigungsfalls verkennen und schlimmstenfalls zu einer Rehabilitierung des Kriegs als Mittel der Politik führen. Dennoch, und auch hierin ist dem EKD-Rat zuzustimmen, sind zumindest die Prüfkriterien zur Feststellung eines gerechten Kriegs bzw. eines legitimen Selbstverteidigungskriegs ähnlich: In beiden Fällen bedarf es eines Erlaubnisgrunds (*causa iusta*), einer Autorisierung (*legitima potestas*), der richtigen Absicht (*recta intentio*), der Ausschöpfung milderer Mittel (*ultima ratio*), der Verhältnismäßigkeit der Mittel und der Folgen sowie der strikten Unterscheidung zwischen militärischen und zivilen Angriffszielen.[10]

Mit der hier exemplarisch angeführten Debatte um das Spannungsfeld zwischen den Positionen des gerechten Kriegs und des gerechten Friedens ist allerdings ein Grundproblem der Friedensethik aufgeworfen. Wenn nicht einmal die Gewaltfreiheit unbedingte Geltung beanspruchen kann – und hierin ist sich die wissenschaftliche Community weitgehend einig –, welches ethische Grundprinzip kann dann überhaupt universell gelten? Ist es überhaupt sinnvoll, in Kriegszeiten über Friedensethik zu sprechen?

Mit dem russischen Angriffskrieg gegen die Ukraine ist hinsichtlich der friedensethischen Debatten eine doppelte Dynamik zu beobachten. Einerseits kam es zu einer massiven Polarisierung der friedensethischen Debatten, die teilweise gar in persönliche Anfeindungen ausuferten. Sowohl Anhänger:innen wie auch Gegner:innen einer radikal pazifistischen Grundüberzeugung konnten sich in ihrer Positionierung auf prominente Führungsfiguren, empirische Daten und wissenschaftliche Unterstützung berufen. So hat sich etwa Papst Franziskus entgegen der Tradition der katholischen Soziallehre in seinem friedensethischen Lehrschreiben *Fratelli tutti* für einen generellen Gewaltverzicht ausgesprochen und damit eine pazifistische Grundposition markiert,[11] die auch von einem beträchtlichen Teil der Friedensbewegung in Deutschland vertreten wird. Ferner gab und gibt es einflussreiche Stimmen, die prinzipiell an der absoluten Gewaltfreiheit festhalten wollen und nur im Notfall das Selbstverteidigungsrecht eines Staates als legitim anerkennen oder es wenigstens – so etwa die EKD-Ratsvorsitzende Annette Kurschus – als geringeres Übel im Gegensatz zum Nicht-Handeln hinzunehmen bereit sind. Schließlich gibt es eine Gruppe, die ihre Forderung nach der absoluten Gewaltfreiheit in den internationalen Beziehungen angesichts der russischen Aggression gegen die Ukraine überdacht hat und der Ukraine die legitime Selbstverteidigung zugesteht oder diese gar mit Waffenlieferungen unterstützt sehen möchte. Die Spaltungen zwischen den Lagern sind unübersehbar. Je nach Positionierung wirft man sich naiven Pazifismus, fahrlässige Kriegstreiberei oder gewissenlosen Opportunismus vor. Handelt es sich bei den Grabenkämpfen aber tatsächlich um eine neuerliche Polarisierung in friedensethischen Sachfragen? Könnte es nicht sein, dass im Grunde seit Langem gehegte Positionen nun im Diskurs artikuliert und geschärft werden, sodass bereits bestehende Konfliktlinien zutage treten?

Die Analysen zum Entstehungsprozess der Friedensbewegung deuten in diese Richtung. Zur weiteren Klärung dieser Frage kann auch eine vertiefte Analyse des Polarisierungsbegriffs beitragen. So können in der Politikwissenschaft grundsätzlich zwei Arten der Polarisierung beobachtet werden. Die ‚ideologische Polarisierung' bezieht sich auf sachlich-inhaltliche Gegensätze verschiedener Gruppen. Wollte man also in der Frage friedensethischer Positionierungen von einer zunehmenden Polarisierung sprechen, so müssten die inhaltlichen Positionierungen extremer geworden sein. Dies lässt sich angesichts der bereits vor dem russischen Angriffskrieg verbreiteten ethischen Grundpositionen allerdings nicht belegen. Dagegen spricht zudem, dass die ethisch gemäßigte Position des grundsätzlichen Festhaltens an der gewaltfreien Konfliktlösung bei gleichzeitiger Akzeptanz oder Unterstützung eines legitimen Selbstverteidigungsrechts in Politik und Gesellschaft breite Zustimmung findet. Neben der ideologischen Polarisierung besteht allerdings auch die Dynamik einer ‚affektiven Polarisierung'. Diese bezeichnet nicht die Ablehnung inhaltlicher Positionen, sondern die generelle Abneigung gegenüber politisch Andersdenkenden.[12] Einem gesamtgesellschaftlichen Trend folgend, lässt sich auch im friedensethischen Diskurs eine Zunahme der affektiven Polarisierung feststellen. Die Verrohung des Tons, die Diffamierung des Gegenübers oder gar der Abbruch der Debatten sind Anzeichen dafür, dass ein solcher Prozess stattfindet. Dies ist bei näherem Hinsehen nicht verwunderlich. Während die Debatten über die Legitimität von Waffengewalt jahrzehntelang im stillen Kämmerlein akademischer Expert:innen ausgetragen worden waren und sich auf – wenigstens emotional – zumeist weit entfernte Kriegsschauplätze bezogen hatten, erfuhren friedensethische Fragestellungen mit einem Mal eine bis dato ungekannte Konkretion. Es ist nicht verwunderlich, dass die Friedensethik polarisiert, wenn sie sich einmal aus dem vermeintlichen Reagenzglas herausbewegt hat und klar geworden ist, dass sie nicht abstraktes Hirngespinst aus dem Elfenbeinturm, sondern Grundlage für weitreichende politische Entscheidungen bis hin zu Verteilungskämpfen ist.

Zur Polarisierung gesellt sich zudem eine Emotionalisierung der Debatte. Dies liegt nicht zuletzt daran, dass sich Differenzen in friedensethischen Fragestellungen vielfach mit Konfliktlinien in anderen Sachthemen überlagern und die affektive Abneigung noch verstärkt wird. Was sich in der Parteienlandschaft beobachten lässt, scheint sich auch innerhalb des Mikrokosmos der Friedensbewegung zu manifestieren. Dass diejenigen, die bereits zuvor querdenkerische Tendenzen an den Tag gelegt hatten, nun unter Rückgriff auf abstruseste Narrative auf die absolute Gewaltfreiheit pochen, verstärkt die Ablehnung bei denjenigen, die dieser

Gruppe ohnehin schon kritisch gegenübergestanden hatten. Dass, mit anderen Worten, die COVID-Leugner:innen nun auch noch in der Frage der Legitimität der ukrainischen Selbstverteidigung verschwörungstheoretische Argumentationslinien vertreten und damit in massive Konflikte mit anderen gesellschaftlichen Gruppen geraten, ist Anzeichen einer gestiegenen affektiven Polarisierung. Den Befund einer steigenden affektiven Polarisierung an sich mag man für bedauernswert halten, allerdings sagt er wenig darüber aus, wie legitim die Ablehnung Andersdenkender im Einzelfall ist. So ist es durchaus auch möglich, dass ein höherer Grad an affektiver Polarisierung wünschenswert sein kann. Dies wird etwa von den demokratischen Parteien im Umgang mit der AfD immer wieder gefordert. Es mag zwar sein, dass die richtigen Themen dadurch nicht falsch werden, dass sie von den ‚Falschen' vertreten werden, doch zeigen die Analyse der populistischen Diskurse von Teilen der Friedensbewegung und insbesondere die Vereinnahmungsversuche der Friedensbewegung durch rechtsextreme und verschwörungstheoretische Gruppierungen, wie brandgefährlich die mangelnde Abgrenzung sein kann.

Die Politisierung friedensethischer Debatten ist eine weitere Dynamik, die durch den russischen Angriffskrieg auf die Ukraine ausgelöst wurde. Mit der zunehmenden Polarisierung in engem Zusammenhang stehend, wird die Politisierung friedensethischer Positionen vor allem in der mangelnden Trennung von Friedenspolitik und Friedensethik deutlich. Zwar ist richtig, dass eine Friedenspolitik, die diesen Namen verdient, von friedensethischen Prämissen geleitet sein muss. Während friedenspolitische Grundsätze allerdings wandelbar sind, ist der friedensethische Anspruch hingegen in den meisten Fällen, allgemeingültige Leitlinien moralischen Handelns bereit zu stellen. Ein prominentes Beispiel der mangelnden Grenzziehung zwischen Friedenspolitik und Friedensethik ist etwa der von Teilen der Friedensbewegung verwendete Slogan „Frieden schaffen ohne Waffen". Zwar kann es im Einzelfall richtig sein, auf die Lieferung von Waffen in Kriegsgebiete zu verzichten – tatsächlich ist dies sogar in den meisten Fällen so. Zur ethischen Grundprämisse taugt der Slogan aber allein schon deshalb nicht, weil – wie die Analyse gezeigt hat – selbst im Konzept des gerechten Friedens Raum für Waffenlieferungen ist. Die Verurteilung von Waffen mag mit dem Plädoyer für die Gewaltfreiheit einer ethischen Grundposition entspringen; dass zur Sicherung der Legitimität dieser Grundposition im Extremfall bisweilen rechtserhaltende Mittel unter Duldung militärischer Gewalt eingesetzt werden können oder gar müssen, widerlegt den eigenen ethischen Gehalt des Slogans. Gefährlich ist diese Tendenz vor allem deshalb, weil sie zu einer Ethisierung der friedenspolitischen Debatte zu führen droht. Statt friedenspolitische Imperative als solche wahrzunehmen und adäquat zu reagieren, besteht die Gefahr, dass durch vermeintliche ethische Imperative politische Entscheidungsfindungsprozesse unterbunden werden. Selbstverständlich bedarf es in jeder politischen Entscheidungsfindung einer ethischen Grundlage; die ethische Grundlage entbindet jedoch niemanden davon, eine tatsächliche politische Entscheidung zu treffen, auch wenn das vielen – einschließlich den Verantwortungsträger:innen selbst – womöglich vielfach lieber wäre. Wenn Teile der Friedensbewegung also immer wieder versuchen, ihre friedenspolitischen Devisen als friedensethische Grundprämissen zu tarnen, so täuschen sie damit nicht nur andere und letztlich sich selbst, sondern verursachen wissentlich oder unwissentlich auch eine Verzerrung politischer Entscheidungsfindungsprozesse, was letztlich in ein Legitimitätsdefizit zu münden droht.

Der Befund von den bisweilen verschwimmenden Trennlinien zwischen Friedenspolitik und Friedensethik weist auf ein grundlegendes Problem hin. Ist es überhaupt sinnvoll, eine Friedensethik formulieren zu wollen, wenn nur allgemein gültige und immerwährende Grundprämissen ethischen Gehalt beanspruchen können? Welche Prinzipien haben angesichts der erdrückenden empirischen Beweislast überhaupt noch Bestand? Es wäre sicherlich verfehlt, eine Friedensethik unabhängig von jeglicher Erfahrung formulieren zu wollen. Entweder ginge sie an jeder Realität vorbei oder sie müsste so abstrakt bleiben, dass sie nicht mehr sinnvoll operationalisiert werden könnte und insofern keine ethische Orientierung böte. Ein rein deontologischer friedensethischer Ansatz, in dem die Handlungsfolgen unberücksichtigt blieben, liefe letztlich Gefahr, im wahrsten Sinne des Wortes unmenschlich zu sein, weil entweder seine Grundprämissen oder seine Folgen für die vom Krieg Betroffenen unerträglich wären. Ein Beispiel hierfür ist etwa das unbedingte Fordern des absoluten Gewaltverzichts durch die Ukraine. Verfolgte man umgekehrt einen rein konsequentialistischen Ansatz und mäße eine Friedensethik ausschließlich an ihren erwartbaren Folgen, so ginge man letztlich des moralischen Kompasses verlustig und beginge denselben Fehler wie jene, die in der Ukraine einen Frieden um jeden Preis erzwingen wollen, selbst wenn dies die Kapitulation der Ukraine bedeutete.

Eine realitätstaugliche Friedensethik muss offensichtlich eine Gratwanderung zwischen dem Willen, allgemeingültige Prämissen zu formulieren, und dem Erfordernis, deren jeweilige Konsequenzen zu berücksichtigten, bewältigen.[13] Dies bedingt, dass nur prinzipielle, nicht aber materiale Leitsätze ethischen Gehalt beanspruchen können. Während prinzipielle Leitsätze auf der Metaebene angesiedelt sind, tendieren materiale Leitsätze dazu, in friedenspolitische Debatten überzugehen. Fragen wie „Sollte die Ukraine mit Waffen beliefert werden?“, „Sollte oder darf Staat X in Staat Y intervenieren?“ oder „Sollte die unbedingte atomare Abrüstung gefordert werden?“ sind letztlich *materiale* Fragestellungen, von deren Beantwortung aber nicht auf eine *prinzipielle* ethische Geltung geschlossen werden darf. Ob es sich bei Waffenlieferungen, humanitären Interventionen oder der atomaren Abrüstung um ethisch gerechtfertigte Handlungen handelt, entscheidet sich an den jeweiligen Rahmenbedingungen, innerhalb welcher sich die Frage stellt.

Was aber ist dann letztlich der Anker einer Friedensethik, die sich einerseits davor hüten muss, aus materialen Prämissen prinzipielle Schlüsse abzuleiten, andererseits aber dennoch einen unmittelbaren Zusammenhang zwischen beiden herstellen will? Letztlich ist das Gebot der Verhältnismäßigkeit zugleich Anker und Bindeglied einer Friedensethik, die Handlungsorientierung geben kann, ohne politische Entscheidungsprozesse zu präjudizieren.[14] Die oberste Norm der Verhältnismäßigkeit besteht darin, dass die materialen Forderungen im Verhältnis zu den mit diesen verfolgten prinzipiellen Zielen stehen müssen. Dies bezieht sich sowohl auf die Verhältnismäßigkeit des Ziels wie auch der Mittel. So wie sich die Legitimität rechtserhaltender Maßnahmen inklusive des Gewalteinsatzes daran entscheidet, ob sich damit das prinzipielle Ziel der Friedenssicherung verwirklichen lässt, müssen sich auch die Forderungen nach Abrüstung, die Rechtmäßigkeit einer humanitären Intervention oder die Entscheidung über Waffenlieferungen jeweils daran messen lassen, ob sie dem dahinterstehenden Ziel des Friedens gerecht werden. Der russische Angriffskrieg macht klar, dass sowohl eine rein prinzipielle („Friede über alles“) als auch eine rein materiale Friedensethik („Frieden schaffen ohne Waffen“) realitätsblind wirken.

Nun könnte man einwenden, dass eine Friedensethik, deren Allgemeingültigkeit allein im Imperativ besteht, eine Verhältnismäßigkeit zwischen prinzipiellen und materialen Forderungen herzustellen, in einen friedensethischen Relativismus abzudriften drohe. Tatsächlich besteht über das Gebot der Verhältnismäßigkeit hinaus das Erfordernis einer Verankerung der Friedensethik in etwas, das sie selbst übersteigt. Letztlich taugt der Friede ebenso wenig zum absoluten Geltungsgrund einer Ethik wie das Postulat des Gewaltverzichts. Ursprung und Ziel einer jeden Ethik, so auch der Friedensethik, kann nur die vernunftrechtlich gebotene Verwirklichung der Menschenwürde sein.

Die Menschenwürde allein kann als immerwährender und konsensfähiger Ankerpunkt der Friedensethik Gültigkeit beanspruchen. Von dem Dilemma der friedensethischen Abwägung ist damit freilich nicht entbunden. So wenig sich die Verhältnismäßigkeit allgemein bestimmen lässt, so wenig trifft dies auch auf die Menschenwürde zu. Ein Beispiel kann dies verdeutlichen: In den meisten Fällen ist es ethisch geboten, das Leben absolut zu schützen; in Extremsituationen, etwa der Notwehr oder der Verteidigung anderer, kann es allerdings legitim oder gar geboten sein, im Namen der Menschenwürde zu töten. Dass die jeweiligen materialen Imperative in Bezug auf die Menschenwürde letztlich der Abwägung und dem Grundsatz der Verhältnismäßigkeit unterliegen, zeigt sich etwa in der völkerrechtlichen Ausgestaltung des Menschenrechtsregimes. So bestehen in den einschlägigen Menschenrechtsverträgen Klauseln zur grundsätzlichen Derogierbarkeit einzelner Menschenrechte; einer Maßnahme, zu der sich viele Regierungen etwa im Zuge des Erlasses von Maßnahmen gegen die COVID-Pandemie gezwungen sahen.

Aus diesen Ausführungen müsste man schließen, dass die Friedensethik sich zwar auf den Grundsatz der Verhältnismäßigkeit zwischen prinzipiellen und materialen Prämissen sowie auf den Ankerpunkt der Menschenwürde berufen kann, aber in ihrer tatsächlichen Anwendung völlig offenbleibt. Zwar gebietet eine realitätstaugliche Friedensethik, dass die realen Rahmenbedingungen in dieser auch berücksichtigt werden. Aus der Menschenwürde als Ur- und Zielgrund der Friedensethik ergibt sich jedoch eine rote Linie. Da die Menschenwürde das einzige in der Friedensethik absolut zu schützende Gut ist, sind jegliche materiale Handlungen, die der Menschenwürde prinzipiell widersprechen, ethisch unter allen Umständen verwerflich. In der mittelalterlichen Ethik hat sich für eine Handlung, die unter allen Umständen als in sich schlechte Handlung zu qualifizieren ist, die Denkfigur des *intrinsece malum* (dt.: in sich schlecht) etabliert. Tatsächlich gibt es auch im modernen Völkerrecht Handlungen, die als *intrinsece malum* betrachtet werden und rote Linien bilden, deren Überschreiten niemals legitimiert werden kann. Zu diesen Handlungen, die auch als zwingendes Völkerrecht (*ius cogens*) bezeichnet werden, gehört etwa das Verbot von Folter, Genozid, Rassendiskriminierung oder Sklaverei.[15] Selbst wenn das zwingende Völkerrecht begründungstheoretisch keine expliziten Anleihen bei der Menschenwürde macht, sondern seine Geltung durch einen naturrechtlichen Rekurs zu begründen sucht, zeigen die genannten Beispiele, dass im Ergebnis solche Handlungen absolut geächtet sind, die die Menschenwürde (und damit auch der Verhältnismäßigkeit der Mittel) verletzen. Dass das Folterverbot, die Abschaffung der Sklaverei und das Ende der Rassendiskriminierung vergleichsweise jüngeren Datums sind, beweist, dass die inhaltliche Bestimmung der in der Friedensethik als in sich schlecht zu bezeichnenden Handlungen mitunter hart erkämpft werden musste und noch nicht abgeschlossen ist. Eine mögliche Erweiterung der in sich schlechten Handlungen, die freilich nach herrschender Meinung noch keinen Eingang in das zwingende Völkerrecht gefunden hat, wäre etwa ein generelles Diskriminierungsverbot.

Was aber folgt nun aus den Überlegungen zu einer Friedensethik der Verhältnismäßigkeit für die Friedensbewegung? Zuerst muss konstatiert werden, dass das Engagement innerhalb der Friedensbewegung vor allem friedenspolitischer Natur ist. So falsch es ist, ohne Rücksicht auf ethische Prämissen auf den Frieden hinwirken zu wollen und dabei die Verhältnismäßigkeit zwischen materialen und prinzipiellen Prämissen aus dem Auge zu verlieren, so fatal wäre es, vermeintliche friedensethische Prämissen zu verabsolutieren. In vielen Fällen käme dies, so hat die Analyse gezeigt, eher einer Verabsolutierung der Friedenspolitik als einer politischen Friedensethik gleich.

Die Stärke einer auf die Menschenwürde gründenden Friedensethik der Verhältnismäßigkeit liegt demgegenüber darin, die jeweiligen Rahmenbedingungen der Kriegs- und Konflikthandlungen einzubeziehen. Nur so können in der Verhältnismäßigkeit implizierte Dimensionen wie Gerechtigkeit, Solidarität oder Nachhaltigkeit Konturen erhalten. Wird allerdings eine dieser Dimensionen als materiale Prämisse verabsolutiert, so kann aus Gerechtigkeit schnell Selbstgerechtigkeit, aus Solidarität emotionale Effekthascherei oder aus Nachhaltigkeit Zynismus werden. So wie im völkerrechtlichen Menschenrechtsregime zwischen einzelnen Rechtsgütern Abwägungen vorgenommen werden müssen, gilt es auch in der friedensethischen Debatte, eine verhältnismäßige Abwägung zwischen verschiedenen Gütern zu erreichen. Diese Abwägungen – so gravierend ihre Implikationen für die Ethik sein mögen – sind allerdings im Zuge friedenspolitischer Prozesse vorzunehmen.

An ebendieser Stelle erweist sich das Engagement innerhalb der Friedensbewegung als unabdingbar. Es liegt nicht zuletzt an ihr, friedenspolitische Debatten friedensethisch zu informieren und gegebenenfalls kritisch zu korrigieren. Dies kann allerdings nur gelingen, wenn friedensethische und friedenspolitische Dimensionen so weit als möglich differenziert werden. Sobald der Eindruck entsteht, dass als Friedensethik getarnte politische Desiderate zum friedensethischen Heiligen Gral erhoben werden sollen, droht die Friedensbewegung die eigene Glaubwürdigkeit zu verlieren. Dass das Ansehen der Friedensbewegung in der Öffentlichen Meinung rapide abgenommen hat, liegt nicht zuletzt daran, dass manche ihrer Vertreter:innen beinahe verzweifelt versuchen, ihren jahrzehntealten materialen Überzeugungen durch die Übertragung auf immer neue Kriegssituationen prinzipielle Geltung zu verschaffen. Im Ergebnis führt dies allerdings eher zu dem Don-Quichotesken Versuch, die Realität an eine vermeintliche Friedensethik anpassen zu wollen, nicht aber dazu, eine realitätssensible Friedensethik zu formulieren.

Es ist nicht selten wirkungsvoller anzuerkennen, dass man aufgrund derselben friedensethischen Prämissen zu verschiedenen friedenspolitischen Grundüberzeugungen kommen kann. Auch die Berufung auf die Menschenwürde wird zum Totschlagargument und muss dieser schließlich schaden, wenn sie nicht argumentativ untermauert wird. Wenn sie allerdings argumentativ untermauert und plausibilisiert wird – und das ist in einem Staat mit freiheitlich-demokratischer Grundordnung wie der Bundesrepublik Deutschland ein Hoffnungszeichen –, so hat die Friedensbewegung beste Chancen, ihrer Stimme bei politischen Verantwortungsträger:innen Gehör zu verschaffen.

7. Was die Friedensbewegung von der Klimabewegung lernen kann

Die Klimabewegung hat in der jüngeren Vergangenheit besonders unter jungen Menschen ein bahnbrechendes Mobilisierungspotenzial bewiesen. Hunderttausende Kinder und Jugendliche gingen im Rahmen der von der Dachorganisation *Fridays for Future* veranstalteten Protestveranstaltungen auf die Straße und erreichten durch ihren klimapolitischen Protest binnen kürzester Zeit das, was zivilgesellschaftlichen Gruppen in ihrem Engagement zuvor nur schleppend gelingen wollte: Dem Kampf gegen den Klimawandel wurde – wenigstens in der Debatte – in Politik und Gesellschaft absolute Priorität eingeräumt. Die Klimaproteste entkräfteten das jahrzehntelang gehegte Mantra von der vermeintlichen Politikverdrossenheit der jungen Generation, indem sie zeigten: Junge Menschen sind und waren durch gesellschaftliche Herausforderungen und Belange politisiert und durchaus auch bereit, ihre Forderungen in der Öffentlichkeit zu artikulieren.

Auch wenn die Friedensbewegung bei ihren Demonstrationen und Solidaritätskundgebungen infolge des russischen Angriffskriegs gegen die Ukraine von der breiten Mobilisierungsbasis der Klimabewegung profitieren konnte; von den Dimensionen der etwa von *Fridays for Future* organisierten Klimastreiks und insbesondere der Wirkmächtigkeit der Proteste in der kurzen Frist kann man – auch wenn die COVID-19-Pandemie erhebliche Einbußen in der Mobilisierung mit sich gebracht hat – innerhalb der Friedensbewegung nur träumen.

Warum aber sind die Dynamiken der beiden sozialen Bewegungen so unterschiedlich? Liegt es an der Dringlichkeit des Kampfes gegen den Klimawandel, dass junge Menschen der Friedensbewegung tendenziell eher fernbleiben? Besteht vielleicht generell kein Interesse an der Auseinandersetzung mit friedenspolitischen Themen? Jüngere Umfragewerte deuten darauf hin, dass in der Gesamtbevölkerung im Allgemeinen und bei jungen Menschen im Besonderen durchaus ein starkes Interesse an den Themen von Krieg und Frieden besteht, das sich vielfach auch im Willen zur politischen Partizipation niederschlägt.[1]

Es wäre fatal, das Engagement für den Kampf gegen den Klimawandel und den Einsatz für friedenspolitische Belange gegeneinander ausspielen zu wollen. Zwar kann argumentiert werden, dass jedem Individuum nur begrenzte Zeit für das Engagement bleibt und insofern Priorisierungen vorgenommen werden müssen. Allerdings liefe diese Argumentation einerseits auf einen Whataboutism hinaus und wäre andererseits auch inhaltlich verfehlt. So bestehen sowohl bezüglich der Ursprünge als auch der Inhalte der beiden Bewegungen zentrale Schnittmengen. Angesichts eines weiten Sicherheitsbegriffs hat man in der Umwelt- und Klimabewegung längst erkannt, dass das effektive Verfolgen klimapolitischer Ziele gleichzeitig auch das Verfolgen und Erreichen einer friedenspolitischen Agenda impliziert. Dies gilt einerseits deshalb, weil die systemischen Rahmenbedingungen einer nachhaltigen Lebensweise nur auf friedlichem Wege gesichert werden können. Andererseits sind in der jüngeren Vergangenheit zunehmend die direkten Implikationen des Kriegs für Umwelt und Klima in den Fokus der internationalen Aufmerksamkeit gerückt. Der undifferenzierte Waffeneinsatz führt nicht selten zu massiven Schädigungen der Umwelt, sodass völkerrechtlich zuletzt – in Anlehnung an den Begriff des Genozids – diskutiert wurde, das Tatbestandsmerkmal des Ökozids, das heißt der vorsätzlichen und systematischen Zerstörung der Umwelt im Sinne der natürlichen Lebensgrundlagen der Bevölkerung, im Statut des Internationalen Strafgerichtshofs zu verankern.[2] War die massive

Umweltzerstörung durch Kriegshandlungen bereits in den 1970er Jahren angesichts des Einsatzes des Entlaubungsmittels *Agent Orange* durch US-amerikanische Truppen in den Fokus der Aufmerksamkeit geraten, so wurde die Debatte durch die Zerstörung des ukrainischen Kachowka-Staudamms im Zuge der russischen Invasion erneut befeuert.

Umgekehrt gehört es längst zu den – auch wissenschaftlich belegten – Grundüberzeugungen in Politik und Gesellschaft, dass friedenspolitische Ziele nur unter gleichzeitiger Berücksichtigung umwelt- und klimapolitischer Gesichtspunkte erreicht werden können. Klimatische Extrembedingungen, zunehmende Desertifikation und Wasserknappheit führen schon heute zu gewaltsam ausgetragenen Konflikten und Kriegen um lebensnotwendige Ressourcen, die teils in massive Flucht- und Migrationsströme münden.[3]

Spätestens die Verabschiedung der *Sustainable Development Goals* durch die Vereinten Nationen zeugt davon, dass die Überzeugung vom Nexus zwischen der friedens- und umwelt- beziehungsweise klimapolitischen Debatte inzwischen zum Grundkonsens der internationalen Gemeinschaft gezählt werden kann. So wird in Entwicklungsziel 16 der Einsatz für eine „friedliche und inklusive Gesellschaft für eine nachhaltige Entwicklung“[4] gefordert.

Angesichts der Verwobenheit und Schnittmengen der friedens- und klimapolitischen Agenda wäre es vermessen, den Misserfolg der Friedensbewegung durch den Erfolg der Klimabewegung erklären zu wollen. Statt die Themen gegeneinander auszuspielen, muss vielmehr gefragt werden, welche Faktoren für den durchschlagenden Erfolg der Klimabewegung in der jüngeren Vergangenheit ausschlaggebend gewesen sind und was die Friedensbewegung davon lernen kann.

Die Forderungen der schwedischen Umweltaktivistin Greta Thunberg, die sie im Rahmen ihres Schulstreiks fürs Klima erhob, waren keineswegs neu. Die globale Beschränkung der Emissionen war von führenden Vertreter:innen aus Wissenschaft und Gesellschaft bereits seit Jahrzehnten gefordert worden. Dennoch hatten diese sich in der Politik über lange Zeit nur unzureichend Gehör verschaffen können. Woran lag es also, dass die Initiative einer Schülerin dafür sorgte, dass der Kampf gegen den Klimawandel binnen kürzester Zeit international auf die Agenda gesetzt bzw. entsprechende Bemühungen intensiviert wurden? Aus einem jahrzehntelangen Nischenthema war quasi über Nacht ein Massenthema geworden, das ein ungeahntes Mobilisierungspotenzial entfaltete.

Zum tieferen Verständnis dieses Befunds sind die Einsichten der Protestforschung hilfreich. So kann hinsichtlich der Mobilisierung von Menschen grundsätzlich zwischen zwei verschiedenen Stufen unterschieden werden.[5] Zur Herausbildung einer effektiven Protestbewegung bedarf es in einer ersten, vorbereitenden Stufe zunächst einer ‚Konsensusmobilisierung'. Damit ist das Schaffen eines für den Protest geeigneten Nährbodens gemeint. Im Hinblick auf die Klimabewegung bestand diese Mobilisierung darin, dass von der wissenschaftlichen Community, aber auch von Vertreter:innen aus Politik und Zivilgesellschaft die Kausalzusammenhänge des menschengemachten Klimawandels offengelegt wurden. Mit der Verankerung des Themas in der internationalen Politik, etwa im Zuge des Pariser Klimaabkommens, wuchs die Überzeugung von der Dringlichkeit des Kampfes gegen den Klimawandel, zumal das Erreichen von Kippunkten immer wahrscheinlicher wurde. Nur vor diesem Hintergrund ist auch der Erfolg der zweiten Stufe der Mobilisierung, der ‚Aktionsmobilisierung', erklärbar. Angesichts der wissenschaftlichen Warnungen vor sich schließenden Zeitfenstern im Kampf gegen den Klimawandel und stetig steigenden Treibhausgasemissionen wirkte der Schulstreik Greta Thunbergs, der binnen kürzester Zeit weltweit Nachahmer:innen fand, wie eine „Initialzündung".[6]

Für das Erstarken einer Protestbewegung muss, mit anderen Worten, schon im Vorhinein, ein geeigneter Nährboden bereitet worden sein. Im Falle der Klimabewegung war die Konsensusmobilisierung der Bevölkerungen über Jahre hinweg von unterschiedlichsten Interessensgruppen betrieben worden, sodass *Fridays for Future* von Beginn an auf hohe Resonanz stieß. Für das Mobilisierungspotenzial der Friedensbewegung bedeutet diese Einsicht zweierlei. Man wird konstatieren müssen, dass die Klimabewegung mit ihren Massendemonstrationen ein gesellschaftliches Gelegenheitsfenster wahrgenommen hat, um ihre Agenda öffentlichkeitswirksam zu artikulieren. Die rückläufigen Mobilisierungszahlen während und nach der COVID-Pandemie zeugen freilich davon, dass dieses Gelegenheitsfenster sich zunehmend zu schließen droht.

Nun wäre es aussichtslos, den „genialen Eröffnungszug des Schulstreiks"[7] in anderen sozialen Bewegungen reproduzieren zu wollen. Kontingenzen lassen sich – insbesondere in sozialen Bewegungen – nicht nach dem Handbuch planen. Dennoch muss kritisch gefragt werden, warum die Friedensbewegung nicht dazu imstande war, das sich unmittelbar nach der Ausweitung der russischen Invasion bietende Gelegenheitsfenster zur Mobilisierung der Bevölkerung zu nutzen. Der Erfolg der Klimabewegung war trotz günstiger Ausgangsbedingungen alles andere als dem Glück oder Zufall geschuldet. Ein Schlüssel zur Erklärung der ausbleibenden Aktionsmobilisierung durch die Friedensbewegung liegt in der mangelnden Konsensusmobilisierung im Vorfeld. Diese

Konsensusmobilisierung wurde in friedenspolitischen Themen aufgrund verschiedener Faktoren verhindert. Einerseits hatte die Bewegung – wie die vorausgegangenen Analysen gezeigt haben – über Jahre hinweg die strukturellen und inhaltlichen Updates verpasst, um überhaupt die Grundlage für eine gesellschaftliche Anschlussfähigkeit der Diskurse gewährleisten zu können. Populistische Diskursmuster, geschichtsklitternde Narrative und veraltete Methoden haben verhindert, dass die Friedensbewegung in der Öffentlichkeit überhaupt wahrgenommen werden konnte. Dass angesichts dieser Rahmenbedingungen die Initiativen zur Aktionsmobilisierung im Sand verliefen, ist wenig verwunderlich.

Andererseits wurde vielfach gemutmaßt, die Klimaproteste seien nur deshalb so erfolgreich verlaufen, weil eine unmittelbare persönliche Betroffenheit der Aktivist:innen bestanden hätte. Wenn die persönliche Betroffenheit ein Schlüsselfaktor in der Mobilisierung wäre, so müsste davon allerdings auch die Friedensbewegung in höherem Maße profitiert haben. Die Kriegs- und Krisenereignisse der letzten Jahre und Jahrzehnte und insbesondere die daraus resultierenden globalen Migrations- und Fluchtbewegungen haben dafür gesorgt, dass selbst die entferntesten Kriegsereignisse unmittelbare Konsequenzen in nächster Nähe nach sich ziehen. Dieser Sachverhalt wird durch die Verknüpfung friedens- und klimapolitischer Zielsetzungen noch verschärft. Entweder spielt die persönliche Betroffenheit für das Mobilisierungspotenzial nur eine untergeordnete Rolle oder es wurde schlichtweg versäumt, der Bevölkerung durch die Erklärung der Kausalzusammenhänge von Krieg, Klimawandel, Flucht und Migration die eigene Betroffenheit zu plausibilisieren. Selbst wenn es einer Sisyphusarbeit gleichen mag, die Menschen über komplexe Sachzusammenhänge zu informieren, stimmt es doch hoffnungsvoll, dass es der Klimabewegung offensichtlich gelungen ist, die weitaus komplexeren und abstrakteren Kausalzusammenhänge des Klimawandels massentauglich zu elementarisieren.

Ein weiterer Erfolgsfaktor der *Fridays for Future*-Bewegung ist nach Ansicht der Bewegungsforscher Dieter Rucht und Dieter Rink die geschickte Verfolgung einer „*threat and appeal*"-Strategie. So sei durch den Schulstreik einerseits ein Regelbruch bzw. ein normabweichendes Verhalten (‚*threat*') erfolgt. Dieser Regelbruch sei aufgrund der Legitimität der Forderungen und der Authentizität der Demonstrant:innen in der Öffentlichkeit aber als milde bewertet worden. Andererseits seien die Proteste durch eine fröhlich-euphorische Grundstimmung (‚*appeal*') geprägt gewesen, die die gesellschaftliche Wirkmächtigkeit noch erhöht hätte.[8] Der Klimabewegung ist es in ihren Protesten zudem auf einzigartige Weise gelungen, einen hohen Grad an Emotionalität mit der nüchternen Sachlichkeit wissenschaftlicher Fakten zu verbinden. Für diese Verbindung von Emotionalität und Sachlichkeit ist der öffentlichkeitswirksame Auftritt Greta Thunbergs bei den Vereinten Nationen in New York sinnbildlich geworden. Ihr Vorwurf des „*How dare you?*" stieß international wohl nur deshalb auf ein derart breites Echo, weil der emotionale Appell durch den Rekurs auf den wissenschaftlichen Grundkonsens und die bereits erfolgten, aber vernachlässigten klimapolitischen Selbstverpflichtungserklärungen der Staatengemeinschaft überaus glaubwürdig war.

Ein Blick auf die Ostermärsche der Friedensbewegung im Nachgang des russischen Angriffskriegs gegen die Ukraine erklärt, warum die Bewegung sich diese Strategie nur bedingt zu eigen machen konnte. Zwar waren auch die Friedenproteste von einer hohen Emotionalität und der ernsthaften Sorge vor der Ausweitung des Kriegs in Europa geprägt. Problematisch war dabei allerdings, dass sich die emotionalen Vorstöße von jeglicher sicherheitspolitischen Realität emanzipiert zu haben schienen und von einer nüchternen

Sachlichkeit weit entfernt waren. Die Warnungen vor einem erneuten Ausbrechen des Kalten Kriegs, der vermeintlichen Aggressionspolitik der NATO oder auch dem US-geführten Interventionismus westlicher Staaten mussten der Öffentlichkeit derartig abstrus erscheinen, dass selbst gestandene Mitglieder der Friedensbewegung fernblieben oder sich gar Gegendemonstrationen anschlossen. Im Ergebnis wurde die für die Protestmobilisierung so günstige Kombination von ‚*threat*' und ‚*appeal*' durch in populistische und verschwörungstheoretische Fahrwasser abdriftende Narrative von Teilen der Friedensbewegung nicht selten in ‚*threat*' und ‚*deterrence*' abgewandelt.

Die Proteste von *Fridays for Future* beweisen eindrücklich, dass der Erfolg einer Bewegung maßgeblich davon abhängt, ob sie sich imstande zeigt, positive Deutungsmuster des sozialen Wandels anzubieten, mit denen sich die Mitglieder identifizieren können. Die Bewegung wurde nur deshalb von einem diversen Spektrum junger Menschen unterstützt und getragen,[9] weil sie trotz des ernüchternden Befunds der Klimakrise die Möglichkeit zur Erfahrung von Selbstwirksamkeit bot. Dass durch die Bewegung sowohl auf individueller als auch auf gesellschaftlicher Ebene teils richtungsweisender Wandel angestoßen wurde, beweist, dass dieses Gefühl der Selbstwirksamkeit zumindest in der kurzen Frist durch tatsächliche Erfolge gedeckt ist.[10]

Der Erfolg der Klimabewegung ist nicht zuletzt auch durch eine Verschiebung im öffentlichen Framing des Klimawandels befeuert worden. War im öffentlichen Bewusstsein jahrzehntelang lediglich vom ‚Klimawandel' die Rede, so hat sich durch die Proteste der letzten Jahre das Framing zunehmend zum Begriff der ‚Klimakrise' verschoben. Die gezielte Verwendung des Begriffs unter Verweis auf das sich schließende Zeitfenster zum klimapolitischen Handeln kommt dabei einem Prozess der Versicherheitlichung (‚*secu-*

ritization') gleich. Grundannahme der Versicherheitlichungstheorie ist, dass beinahe jeder gesellschaftliche oder politische Sachverhalt durch das entsprechende Framing zur Bedrohung der kollektiven Sicherheit stilisiert werden kann. Voraussetzung ist allerdings, dass das entsprechende politische Framing auf eine hinreichende gesellschaftliche Resonanz stößt. Der Klimawandel konnte, mit anderen Worten, nur deshalb als ‚Klimakrise' geframt werden, weil er von großen Teilen der Gesellschaft tatsächlich als Bedrohungsszenario wahrgenommen wird. Darüber hinaus deckt sich die im Begriff ‚Klimakrise' implizierte Dringlichkeit mit den Warnungen der wissenschaftlichen Community.

Die Demonstrationen der Ostermarschbewegung stehen emblematisch für die gescheiterten Versuche von Teilen der Friedensbewegung, bestimmte sicherheitspolitische Sachverhalte zu versicherheitlichen. Während Versicherheitlichungsdiskurse um die nukleare Aufrüstung und insbesondere den NATO-Doppelbeschluss während des Kalten Kriegs bei der deutschen Bevölkerung durchaus auf fruchtbaren Boden gefallen waren, weil sie mit dem tatsächlichen Gefühl der Bedrohung durch neue Atomwaffen auf deutschem Boden resonierten, stoßen die auf den Ostermärschen angeführten Framings des sicherheitspolitischen Diskurses auf wenig Resonanz. Der Versuch, die militärische Bündnisstruktur und insbesondere die NATO als existenzielle Sicherheitsbedrohung darstellen zu wollen, stößt mehr als 30 Jahre nach dem Ende des Kalten Kriegs insbesondere bei jungen Menschen auf taube Ohren und sagt mehr über die Selbstverortung der Bewegung im politischen Spektrum aus als über vermeintliche sicherheitspolitische Inhalte. Gerade der russische Überfall auf die Ukraine hat vielen die Bedeutung eines nuklearen Schirms neu vor Augen geführt. Dass es um die Anschlussfähigkeit der sicherheitspolitischen Frames schlecht bestellt ist, bewiesen unter anderem Teile der Demonstrationen gegen die Münchner Sicherheitskonferenz 2023. Wenn auch in polemischem Duktus gehalten, so ist eine Schlagzeile der *Süddeutschen Zeitung* zu den Demonstrationen doch bezeichnend und trifft im Kern die Schwäche der Versicherheitlichungsdiskurse der Friedensbewegung: „Links? Rechts? Hauptsache, gegen Nato und USA."[11] Das Bild von der NATO als sinnentleertem, durch ständige Aggressionspolitik nach immer neuen Betätigungsfeldern suchendem Ungeheuer wird in der Bewegung seit Jahrzehnten gehegt und gepflegt, erweist sich nach außen hin aber als wenig anschlussfähig.[12] Auch wenn an der NATO-Politik der letzten Jahrzehnte durchaus berechtigte Kritik geübt werden kann, ist die Mehrheit der Bevölkerung von der Wichtigkeit der Existenz der NATO als militärischem Verteidigungsbündnis überzeugt. Gemäßigte Stimmen innerhalb der Friedensbewegung sehen von der Forderung nach der Auflösung der NATO inzwischen ab und fordern immerhin eine gleichberechtigte Koexistenz von OSZE und NATO. Die von der evangelischen Landeskirche Baden unterstützte Initiative *Sicherheit neu denken* wirkt auf einen sicherheitspolitischen Paradigmenwechsel hin und spricht sich in ihrer Strategie dafür aus, bis 2037 auf einen „rein zivilen Beitrag Deutschlands zur Friedenssicherung des NATO-Bündnisses" umzustellen.[13] Wie genau diese Strategie im Einzelnen operationalisiert werden soll und insbesondere die Zustimmung der NATO zu dieser zivilen Sicherheitsstrategie herbeigeführt werden soll, bleibt allerdings im Unklaren und grenzt beinahe an Realitätsverweigerung.

Parallel zu den Versuchen von Teilen der Friedensbewegung, wahlweise die gesamte Sicherheitsarchitektur des Westens oder nur die Existenz der NATO als Bedrohung der eigenen Sicherheit darstellen zu wollen, bestehen auch Tendenzen, dies im Blick auf spezifischere sicherheitspolitische Sachverhalte zu tun. Ein Beispiel hierfür ist die Debatte um deutsche Waffenlieferungen an die Ukraine. Die Aufrüstung der Ukraine führe zu einer unaufhaltsamen Eskalationsdynamik, die zu einer Ausweitung des Konflikts bis hin zu einer nuklearen Katastrophe führen könne, so der Argumentationsgang. Darüber hinaus tue die Bundesregierung weiterhin gut daran, Waffenexporte in Kriegs- und Krisengebiete zu verhindern, da schlichtweg unmöglich sei, zu kontrollieren, in welche Hände die Waffen letzten Endes gerieten. Demgegenüber zielt der Versicherheitlichungsdiskurs der Befürworter:innen der Waffenlieferungen an die Ukraine genau in die entgegengesetzte Richtung. Das Bedrohungsszenario entstehe nicht etwa durch die Lieferung von Waffen, sondern durch deren Ausbleiben. Eine zurückhaltende Reaktion des Westens motiviere den russischen Präsidenten Wladimir Putin dazu, immer neue Grenzen zu überschreiten. Nur eine entschiedene Antwort erzeuge die nötige Abschreckung und versetze die Ukraine zudem in die Position, zu verhandeln. Es zeigt sich, dass Versicherheitlichungsdiskurse in ein und derselben sicherheitspolitischen Fragestellung völlig entgegengesetzte Ziele verfolgen können.

Die erwähnten Protestaktionen gegen die Münchner Sicherheitskonferenz 2023 illustrieren eindrücklich, dass die Parallelität verschiedener Narrative durchaus spannungsgeladen ist. So formierten sich während der Sicherheitskonferenz drei verschiedene Bündnisse, um für den Frieden zu demonstrieren. Während alle drei das Label ‚Friedensbewegung' für sich in Anspruch nahmen, hätten die Forderungen verschiedener kaum sein können. Eine erste Gruppe bestand aus Aktivist:innen, die seit Jahren traditionell gegen die Münchner Sicherheitskonferenz protestieren und überwiegend dem linken Spektrum zuzurechnen sind. Ein Beispiel für eine dieser Gruppe zuzurechnende Initiative ist etwa die *Münchner Friedenskonferenz*, die sich als „inhaltliche Alternativveranstaltung" zur Sicherheitskonferenz zu positionieren sucht.[14] Auf den Vorträgen, Panels und Kundgebungen wurde gegen Waffenlieferungen Stellung bezogen und sofortige Friedensverhandlungen gefordert. Eine zweite Protestgruppe bestand hauptsächlich aus Ukrainer:innen und Menschen, die sich mit der Ukraine solidarisierten. Sie forderten, der umgekehrten Logik folgend, sofortige und umfassende Lieferungen deutscher Waffen an die Ukraine, um die Ausweitung des humanitären Desasters zu verhindern. Die dritte Gruppe war schließlich dem verschwörungstheoretischen bzw. querdenkerischen Spektrum zuzuordnen und bot bei den Kundgebungen vorwiegend in der Szene bekannten Gesichtern, etwa Dieter Dehm oder Jürgen Todenhöfer, und ihren teils kruden Hetzreden eine Bühne. Die Protestlandschaft war so unübersichtlich, dass Beobachter:innen von einem „Friedenswirrwarr in München"[15] sprachen und dabei mit Kritik an der Friedensbewegung nicht sparten.

Welche Versicherheitlichungsdiskurse erfolgreich sind, hängt von deren jeweiliger Resonanz in der Öffentlichen Meinung ab. Für die Zukunft der Friedensbewegung und insbesondere deren Mobilisierungspotenzial erweist sich als fatal, dass populistische und bisweilen gar verschwörungstheoretische Versicherheitlichungsdiskurse hoffähig geworden sind. Geht man davon aus, dass sich die Unterstützung für eine soziale Bewegung auf verschiedene Arten äußern kann, so liegt die Vermutung nahe, dass der durch populistische und verschwörungstheoretische Narrative bedingte Schaden für die Friedensbewegung über den bloßen Verlust aktiv engagierter Mitglieder hinausgeht. Sebastian Koos und Franziska Lauth unterscheiden in einer empirischen Studie zu *Fridays for Future* zwischen drei Beteiligungsformen. Erstens gebe es die Unterstützer:innen, die mit der Bewegung grundsätzlich sympathisierten. Zweitens gebe es die Anhänger:innen der Bewegung, die zu einer Teilnahme an Protesten bereit seien. Die Gruppe der Teilnehmer:innen bilde drittens den Kreis der tatsächlich Teilnehmenden.[16] Überträgt man diese Binnendifferenzierung der Mobilisierungsgrade auf die Friedensbewegung so ist zu befürchten, dass die Radikalisierung von Teilen der Bewegung sich nicht nur im Rückgang der Gruppe der Teilnehmer:innen niedergeschlagen hat. Die Polarisierung des friedenspolitischen Diskurses durch populistische Diskursmuster hat dazu geführt, dass die Zahl der still mit der Bewegung Sympathisierenden drastisch abgenommen hat; mehr noch, ist zu vermuten, dass die Zahl derjenigen, die das Friedensengagement angesichts der radikalen Tendenzen aktiv *ablehnen*, deutlich gestiegen ist. Für eine soziale Bewegung, die zur Erreichung ihrer Ziele auf die wohlwollende Öffentliche Meinung angewiesen wäre, ist ein solcher gesellschaftlicher Ansehensverlust alarmierend.

Der Erfolg der Klimabewegung ist schließlich durch deren Agilität in den Protestformen bedingt. So hat die Bewegung schon früh den Schulterschluss mit der grünen Partei gesucht, um der klimapolitischen Agenda auch innerhalb des politischen Systems zum Durchbruch zu verhelfen. Neben den regelmäßigen Massendemonstrationen kam es zudem bereits nach kurzer Zeit zu einer – in der Bewegung nicht unumstrittenen – Professionalisierung der Strategie. Parallel zu den Massendemonstrationen bemühte sich die Bewegung um die Bespielung verschiedenster politischer und rechtlicher Kanäle. So reichte etwa Luisa Neubauer, die Sprecherin der *Fridays for Future*-Bewegung in Deutschland, gemeinsam mit anderen Klimaaktivist:innen angesichts der unzureichenden Vorgaben für die Emissionsminderung im Klimaschutzgesetz eine Verfassungsklage vor dem deutschen Bundesverfassungsgericht ein, der letztlich stattgegeben wurde.[17] Was im Rahmen unzähliger Massendemonstrationen unerreicht geblieben war, hatte schließlich auf dem Rechtsweg erreicht werden können.

Auch die Friedensbewegung ist gut beraten, ihrer friedenspolitischen Agenda nicht nur über Massendemonstrationen Gehör verschaffen zu wollen. Die Analyse zur Effektivität friedenspolitischen Engagements hat vielmehr gezeigt, dass ein Mix verschiedener Methoden des Friedensaktivismus und insbesondere professionelle Kampagnen am besten geeignet sind, politischen Wandel herbeizuführen.

Aus den Fehlern der *Letzten Generation* lernen

Die Klimabewegung mag in der jüngsten Protestgeschichte der Bundesrepublik zwar lange unerreichte Mobilisierungszahlen erreicht haben, doch auch diese Bewegung sah sich nach dem Abebben der ersten Protestwellen zunehmend strukturellen Herausforderungen ausgesetzt. Das Gros der Bewegung setzt weiterhin auf die Mobilisierung der Massen und ergänzt diese Strategie durch gezieltes Lobbying für den Klimaschutz. Eine Minderheit hat sich angesichts der schleppenden Umsetzung des klimapolitischen Wandels allerdings für die Wahl radikalerer Protestmethoden entschieden. Ein frühes Beispiel für radikalen Aktivismus war die in Großbritannien gegründete Gruppe *Extinction Rebellion*. Die Bewegung sieht in Strategien zivilen Ungehorsams die letzte Möglichkeit, ihren Forderungen nach der Ausrufung eines Klimanotstands, der Errichtung von Bürgerversammlungen und der Reduzierung der Treibhausgase bis 2025 auf Netto-Null Gehör zu verschaffen: „Traditionelle Strategien wie Petitionen, Lobbying, Abstimmungen und Proteste haben aufgrund der tief verwurzelten Interessen politischer und wirtschaftlicher Kräfte nicht funktioniert. Unser Ansatz ist daher der gewaltfreie, störende zivile Ungehorsam – eine Rebellion, um Veränderungen herbeizuführen, da alle anderen Mittel versagt haben."[18] Die in Großbritannien gegründete

Gruppe versucht bereits seit 2019, durch Aktionen zivilen Ungehorsams und teilweise auch strafrechtlich bewehrtes Handeln Aufmerksamkeit für die Dringlichkeit des Kampfes gegen den Klimawandel zu wecken und Druck auf politische Entscheidungsträger:innen auszuüben.

Auch in Deutschland kam es zur Gründung von Ortsgruppen und Aktionen zivilen Widerstands; weit mehr Aufmerksamkeit haben seit 2021 allerdings die Proteste des Klimabündnisses *Letzte Generation* erfahren. Das Bündnis ist aus einem Hungerstreik einer kleinen Gruppe von Klimaaktivist:innen im Vorfeld der Bundestagswahl 2021 hervorgegangen. Diese hatten ein öffentliches Gespräch mit den Kanzlerkandidat:innen und die Einrichtung eines Bürgerrats, dessen klimapolitische Beschlüsse die künftige Bundesregierung hätten verpflichten sollen, gefordert. Nachdem die Forderungen ungehört blieben, formierten sich in der Folgezeit unter dem Slogan „Aufstand der Letzten Generation" deutschlandweit Proteste, die insbesondere durch Straßenblockaden, aber auch das Festkleben an Kunstwerken oder das Blockieren von Flughäfen Aufmerksamkeit erregten. Umstritten war in der öffentlichen Debatte insbesondere, ob die Protestaktionen durch die Demonstrationsfreiheit gedeckt seien oder die Grenze zur Straffälligkeit überschritten werde. Seitdem ist es bereits zu mehreren zivil- und strafrechtlichen Verurteilungen gekommen. Während ein Teil der Bevölkerung den Zielen der Bewegung durchaus offen gegenübersteht, lehnt die überwiegende Mehrheit die radikale Form des Protests ab. In der Öffentlichkeit und der wissenschaftlichen Auseinandersetzung mit den Protesten ist aus mehreren Gründen umstritten, ob und inwiefern die Proteste zum Erreichen der klimapolitischen Ziele geeignet sind. Die Forderung nach der Bildung von klimapolitischen Bürgerräten sei im Kern undemokratisch – so ein erster Kritikpunkt –, weil sie Politik an demokratisch gewählten und legitimierten Instanzen vorbei betreiben wolle. Würde die Bundesregierung in ihrer Klimapolitik durch die Bürgerräte verpflichtet, so würde die Gesetzgebungskompetenz des Bundestags faktisch ausgehebelt werden. Der zweite Kritikpunkt richtet sich auf die Methode des Protests. Einerseits wird bemängelt, die Proteste kämen in Wirklichkeit einer Erpressung gleich und seien insofern illegitim. Dieser Einwand ist allerdings haltlos, ist es doch letztlich Ziel jedes Protests, Druck auf Entscheidungsträger:innen aufzubauen. Jeder Arbeitsstreik führt zum Stillstand bestimmter Sektoren des öffentlichen Lebens bzw. der Infrastruktur und könnte insofern ebenso als Erpressung beurteilt werden. Andererseits wird – und dieser Vorwurf ist weitaus gewichtiger – eingewendet, die Radikalität der Protestmethode sei im Hinblick auf die klimapolitischen Ziele eher kontraproduktiv. Diejenigen, die der Agenda der Klimabewegung noch immer kritisch gegenüberstünden, würden durch Straßenblockaden eher vollends abgeschreckt als von der Dringlichkeit des Anliegens überzeugt. Die Sprecherin von *Fridays for Future*, Luisa Neubauer, betonte bezüglich der Effektivität der Proteste der *Letzten Generation*: „Es ist nicht immer wirksamer, wenn man doller draufhaut. [...]. Es kann auch wirksamer sein, wenn etwas ganz leise und unverhofft aus unerwarteten Ecken kommt.“[19]

Was aber kann nun die Friedensbewegung von den Protesten des Bündnisses *Letzte Generation* – im Positiven wie im Negativen – lernen? Zunächst ist zu konstatieren, dass die Aktivist:innen der *Letzten Generation* mit den Einwänden gegen ihr Engagement bestens vertraut sind. Dass die Proteste dennoch weitergehen, dürfte einerseits der von vielen empfundenen Verzweiflung geschuldet sein. Andererseits liegt den Protesten vielfach die Überzeugung zugrunde, dass sozialer Wandel durch Disruptivität begünstigt wird. Man wird der Bewegung – unabhängig davon, ob die Proteste den klimapolitischen Zielen nun dienlich sind oder nicht – jedenfalls attestieren müssen, dass sie Erfolg damit hatte, sich selbst und teilweise auch die Herausforderungen des Klimawandels in der Öffentlichkeit über einen langen Zeitraum präsent zu halten.[20]

Aus diesem Befund kann man nun zweierlei Schlüsse ziehen. Einerseits könnte man der Friedensbewegung raten, sich in der Protestmethode radikalerer Methoden zu bedienen. Selbst wenn durch diese Strategie keinesfalls garantiert ist, dass die friedenspolitischen Forderungen erfüllt werden, so würde der Bewegung jedenfalls erhöhte öffentliche Aufmerksamkeit zukommen. Es liegt auf der Hand, dass eine solche Strategie kurzsichtig und langfristig kontraproduktiv wäre. Die kurzfristig erhöhte Aufmerksamkeit wird den langfristigen Ansehensverlust nicht wettmachen können. Zudem hängt der Erfolg von Aktionen zivilen Widerstands maßgeblich von der Legitimität der Ziele ab. Die Blockade des Atomwaffenstützpunkts Mutlangen 1983 konnte wohl nur deshalb so lange aufrechterhalten werden, weil das Ziel der nuklearen Abrüstung bzw. der Verhinderung neuerlicher Atomwaffenstationierungen in der Bundesrepublik als legitim angesehen wurde. Die Proteste der *Letzten Generation* beweisen allerdings, dass die Legitimität der Forderungen ein notwendiges, nicht aber ein hinreichendes Kriterium für den Erfolg der Proteste ist. Während das Aufhalten des Klimawandels als Globalziel der *Letzten Generation* von der überwiegenden Mehrheit als legitim angesehen wird, werden deren Methoden überwiegend als illegitim oder gar illegal bewertet.[21] Paradoxerweise verhält es sich mit den Protesten von Teilen der Friedensbewegung in den letzten Jahren gerade umgekehrt: Während die Protestmethoden durchaus friedlich und legal sind, werden die Zielsetzungen des Protests – beispielsweise die Abschaffung der NATO oder das sofortige Hinwirken auf eine Verhandlungslösung im Krieg Russlands gegen die Ukraine – angesichts der populistischer, verschwörungstheoretischer oder schlicht realitätsferner Tendenzen zunehmend als illegitim angesehen.

Die Friedensbewegung kann in einem weiteren entscheidenden Punkt aus den Fehlern der *Letzten Generation* lernen. Für einen effektiven Protest reicht es eben nicht aus, legitime Ziele zu verfolgen. Die Mittel des Protests müssen darüber hinaus im Hinblick auf diese Ziele auch als verhältnismäßig wahrgenommen werden. Die Verhältnismäßigkeit der Maßnahmen impliziert in einem ersten Schritt, dass die ergriffenen Maßnahmen überhaupt geeignet sind, die verfolgten Ziele zu erreichen. Bereits an diesem Punkt wird man im Hinblick auf die Proteste der *Letzten Generation* massive Zweifel anmelden müssen.[22] So erzeugen die Straßenblockaden zwar öffentliches Aufsehen, hängen mit der Erreichung klimapolitischen Wandels allerdings nur entfernt zusammen. In der juristischen Fallbearbeitung, bei der hier Anleihen gemacht werden, ist für die Verhältnismäßigkeit einer Maßnahme zudem deren Erforderlichkeit nachzuweisen. Die Erforderlichkeit ist dann gegeben, wenn es im Vergleich zur ergriffenen Maßnahme kein milderes Mittel gegeben hätte. Auch dies ist bei den Protestaktionen der *Letzten Generation* in Zweifel zu ziehen. Die Massenproteste von *Fridays for Future* oder die Verfassungsklagen von Klimabündnissen sind nur zwei Beispiele dafür, dass klimapolitische Ziele durch den Einsatz milderer Mittel durchaus erreicht werden können. Auch wenn die Radikalität des Protests mit der unzureichenden und insbesondere zu langsamen Umsetzung der ökologischen Transformation begründet wird, kann nicht bescheinigt werden, dass die Klimabewegung alle milderen Mittel ausgeschöpft hätte. Selbst wenn man die Erforderlichkeit von Protestmethoden wie etwa Straßenblockaden bejahen würde, so käme man im letzten Schritt – der Überprüfung der Verhältnismäßigkeit im engeren Sinne –

an seine Grenzen, weil der letztlich anzulegende Prüfmaßstab nicht die Binnenperspektive des Bündnisses und – sosehr man dies bedauern mag – nicht die wissenschaftliche Perspektive, sondern die Bewertung durch die Öffentliche Meinung ist.

Zwar liegt die Bewegung darin richtig, dass Formen zivilen Widerstands sich in der Geschichte der sozialen Bewegungen durchaus als effektiv erwiesen haben. So hat eine empirische Studie zu Aktionen des zivilen Widerstands in über 100 Jahren zweifelsfrei herausgestellt, dass diese insbesondere gegenüber dem Rekurs auf gewaltsame Protestformen deutlich wirksamer sind.[23] In ihrem Anspruch, „konstruktive, friedliche Spannungen aufzubauen, damit sich eine Gesellschaft mit bisher verdrängten oder unerkannten Demokratiedefiziten beschäftigt"[24], begeht die *Letzte Generation* allerdings einen entscheidenden Fehler. Anders als frühere Bewegungen des zivilen Widerstands, etwa das *US Civil Rights Movement*, der Widerstand Mahatma Gandhis gegen das indische Kastensystem oder auch die Anti-Atomkraft-Bewegung, entsteht bei den Protesten der *Letzten Generation* in der Öffentlichkeit nicht der Eindruck, dass sich der Protest gegen die Regierung richte. Szenen von Auseinandersetzungen zwischen festgeklebten Aktivist:innen und wutentbrannten Autofahrer:innen zeugen davon, dass die Konfliktlinie bei den Klimaprotesten der *Letzten Generation* nicht etwa zwischen Regierung und Aktivist:innen, sondern zwischen der Bevölkerungsmehrheit und den Aktivist:innen verläuft. Schlimmer noch, haben die Proteste teils gar dazu geführt, dass moderate Anhänger:innen der Klimabewegung, die die Bundesregierung zuvor noch für die zögerliche Klimapolitik kritisiert hatten, sich zunehmend mit der ablehnenden Haltung gegenüber den Klimaprotesten zu identifizieren begannen. Zudem haben die Autorinnen der oben erwähnten Studie „*Why Civil Resistance Works*", die auch von *Last Generation* ins Feld geführt wird, für den Erfolg von Bewegungen zivilen Widerstands zwei Faktoren identifiziert, deren Vorhandensein man bei *Last Generation* wird in Zweifel ziehen müssen. Zum Erfolg zivilen Widerstands trage einerseits bei, dass friedliche Methoden die Legitimität des Protests vergrößerten und zu einem Wachsen der Bewegung beitrügen.[25] Auch wenn die grundsätzliche Friedfertigkeit der Blockadeaktionen – mit wenigen Ausnahmen – nicht bestritten werden kann, werden diese von der überwiegenden Mehrheit eher als lästiger Störfaktor oder gar als Gefahr für die öffentliche Sicherheit bewertet. Andererseits kommen die Studienautorinnen zu dem Schluss, dass Aktionen zivilen Widerstands durch die Friedfertigkeit weniger extremistisch erschienen und aufgrund der hohen Legitimität häufiger mit Erfolg gekrönt seien.[26] Spätestens seitdem in verschiedenen Bundesländern Strafverfahren gegen als ‚Klimakleber' verunglimpfte Klimaaktivist:innen eingeleitet wurden und gar aufgrund des Anfangsverdachts der Bildung krimineller Vereinigungen ermittelt wurde, gelingt es der *Letzten Generation* zunehmend weniger, die eigenen Aktionen klar von extremistischen Positionen abzugrenzen. Dass der Gruppierung teils apokalyptische Grundtendenzen zugesprochen werden,[27] dürfte diese Tendenz kaum abschwächen.

Angesichts dieser Zusammenhänge ist es kaum verwunderlich, dass den Aktionen der *Letzten Generation* von führenden Bewegungsforscher:innen hinsichtlich des Erreichens ihrer Ziele zumeist bestenfalls eine geringe Effektivität, häufiger aber eine Kontraproduktivität bescheinigt wird. Der Soziologe Dieter Rucht kommt etwa zu dem Urteil, dass der zivile Ungehorsam „nicht nur hinsichtlich der Ziele, sondern auch der konkreten Protestpraxis nicht auf den Reiz des Spektakels und die Heroisierung des ‚Widerstands' ausgerichtet sein" sollte.[28] Robin Celikates zieht – wenngleich er für das Scheitern der Proteste der *Letzten Generation* deren Skandalisierung in der Öffentlichkeit verantwortlich macht – hinsichtlich der Effektivität von Protestbewegungen einen zentralen Schluss: „Welche Mittel und Aktionsformen tatsächlich angemessen und effektiv sind, kann man nicht abstrakt und auch nicht im Vorfeld sagen. Protestbewegungen müssen experimentell vorgehen, das heißt aber auch: Sie müssen lernfähig bleiben und unter Umständen auch schnell reagieren können."[29]

Für die Klimabewegung sind aus der Analyse der Protestformen der *Letzten Generation* abschließend dreierlei Schlüsse zu ziehen: Erstens untermauern die Protestaktionen der *Letzten Generation* den wissenschaftlichen Grundkonsens, dass die Effektivität sozialer Bewegungen im Allgemeinen und des zivilen Widerstands im Besonderen von der wahrgenommenen Legitimität ihrer Forderungen abhängt. Gradmesser der Legitimität ist nicht etwa die Überzeugung der Aktivist:innen oder die wissenschaftliche Basis der Forderungen, sondern vielmehr die Wahrnehmung der Proteste in der Öffentlichkeit. Daraus ist hinsichtlich des aktivistischen Engagements der Friedensbewegung zu folgern, dass die Mitglieder gut beraten sind, ihre Ziele einem Legitimitätscheck zu unterzuziehen. Dies bedeutet keinesfalls, dass die Ziele schlicht an die Mehrheitsmeinung angepasst werden müssten. Die Geschichte der Friedensbewegung beweist eindrücklich, dass effektiver Aktivismus oft auch dann möglich war, wenn die propagierten Ziele gesellschaftlich einer Mindermeinung entsprachen. Ein Legitimitätscheck impliziert vielmehr – so hat die Analyse populistischer und verschwörungstheoretischer Diskursmuster aufgewiesen – die selbstkritische Überprüfung der eigenen Agenda. Es ist höchstwahrscheinlich, dass auf diesen Realitätscheck für Teile der Friedensbewegung einer heilsamer Realitätsschock folgt. Wenngleich dieser Prozess in der Öffentlichkeit weniger wahrgenommen wurde, so hat die Friedensbewegung ähnlich wie das Protestbündnis *Letzte Generation* zunehmend die gesellschaftliche Anschlussfähigkeit eingebüßt. Das sich daraus ergebende Risiko besteht darin, dass Proteste allenfalls der politischen Selbstverortung, nicht aber dem Erreichen der verfolgten Ziele dienen.

Aus der Protesterfahrung der *Letzten Generation* kann die Friedensbewegung zweitens lernen, dass zum Erreichen der politischen Ziele dort interveniert werden sollte, wo der „Zusammenhang zwischen Ziel und Mittel unmittelbarer vor Augen steht".[30] Selbst wenn konfrontative Protestaktionen dazu geeignet sein mögen, ein Thema im Fokus der breiten Öffentlichkeit zu halten, so ist den Zielen einer Bewegung oft mehr gedient, wenn dort angeknüpft wird, wo letztlich die Wirkung erzielt werden soll. In Bezug auf das Engagement der Friedensbewegung bedeutet dies, dass Druck dort aufgebaut werden sollte, wo Veränderung möglich gemacht werden kann. Es erweist sich wiederum, dass gezieltes Lobbying bei Entscheidungsträger:innen oder professionelle und themenspezifische Kampagnen langfristig größere Erfolgsaussichten haben als die kurzfristige Konfrontation. Die Erfolge von *Fridays for Future* beweisen aber, dass konfrontative Protestmethoden wie etwa der Schulstreik nicht zwangsläufig ineffektiv sind. Grundvoraussetzung für die Effektivität dieser Protestformen ist allerdings, dass die Öffentlichkeit von deren Legitimität überzeugt wird. Der Verzicht auf apokalyptische Framings beziehungsweise der Einsatz einer ‚*threat-and-appeal*'-Strategie können diesbezüglich Wunder wirken. Die Friedensbewegung ist insofern gut beraten, ihr Engagement bestmöglich zu kontextualisieren. Auf Friedensdemonstrationen propagierte Slogans wie „Abrüstung jetzt" oder „Frieden schaffen ohne Waffen" stehen emblematisch für die Isolation von Teilen der Bewegung. So wie weite Teile der Bevölkerung zunehmend Skepsis gegenüber *Last Generation* hegen, obwohl sie mit deren Zielen grundsätzlich einverstanden sind, droht das populistische Framing der Friedensbewegung die Öffentlichkeit gegen diese aufzubringen, obwohl sie mit deren Zielen grundsätzlich einverstanden ist. In der Klima- wie in der Friedensbewegung zeigt sich: Eine kleine, aber laute Minderheit hat durchaus das Potenzial, das Engagement der breiten Masse zu diskreditieren.

Schließlich zeigen sowohl die Proteste von *Fridays for Future* als auch die der *Letzten Generation*, dass nach der Strategie des *trial and error* vorgegangen wird. Die Effektivität einer Bewegung erweist sich nicht zuletzt daran, wie kreativ und vor allem adaptiv sie in der Anpassung ihrer Proteststrategien ist. Der stetige Rückgang der Beteiligung an Protestformaten wie den Ostermärschen und das seit Jahrzehnten unveränderte Framing des Engagements beweisen, dass bei der Friedensbewegung in dieser Hinsicht durchaus Entwicklungspotenzial besteht. Wenn es der Friedensbewegung gelingt, sich mit ihren Forderungen auf aktuelle sicherheitspolitische Entwicklungen zu beziehen, ohne diesen dabei jahrzehntealte Narrative überzustülpen, kann das Mobilisierungspotenzial langfristig erheblich gesteigert werden.

8. Wege aus der Krise

Die Friedensbewegung steht vor massiven strukturellen und inhaltlichen Herausforderungen. Diese bestehen nicht erst seit der russischen Invasion in die Ukraine. Und dennoch hat sich in der unzulänglichen Reaktion der Friedensbewegung auf den russischen Angriffskrieg wie in einem Brennglas offenbart, dass Reformen über Jahrzehnte verschleppt worden sind.

Wie aber kann nun ein dringend notwendiges Update für die Friedensbewegung aussehen? Die Analyse der historischen Entwicklungslinien hat erwiesen, dass die strukturellen Herausforderungen der Friedensbewegung keineswegs neu sind. Die Polarisierung innerhalb der Bewegung, die Überalterung der Anhänger:innen oder die sinkenden Mitgliederzahlen sind Symptome der Krise, nicht aber deren Ursache. Insofern wäre es verfehlt, sich in Aktionismus verfallend einseitig auf die Reform von Strukturen zu konzentrieren. Um die Friedensbewegung zukunftsfähig zu machen, bedarf es vielmehr tiefgreifender inhaltlicher Reformen, die im Folgenden zusammenfassend skizziert werden sollen.

Erstens muss eine neuerliche und vertiefte Auseinandersetzung mit der Friedensethik stattfinden. Statt friedensethische Prämissen aus jahrzehntealten friedenspolitischen Narrativen abzuleiten, gilt es, sich grundlegend über die ethischen Voraussetzungen des friedenspolitischen Engagements zu verständigen. Dabei ist anzuerkennen, dass es – etwa in der Frage der Gewaltfreiheit – moralische Dilemmata gibt, die nicht aufzulösen sind. Statt sich im Diskurs vorschnell auf die eine oder andere Seite zu schlagen, könnte die Aufgabe der Friedensbewegung darin liegen, friedensethische Dimensionen politischer Fragen offenzuhalten. Wenn friedenspolitische

Forderungen, etwa der Slogan „Frieden schaffen ohne Waffen" instrumentalisiert werden, um friedensethische Diskussionen zum Stillstand zu bringen, verliert die Bewegung ihre gesellschaftliche Anschlussfähigkeit. Weder Friedenspolitik noch Friedensethik vollziehen sich im luftleeren Raum, sondern müssen sich an der Realität und ihren Kontexten messen lassen. Eine Orientierung am an der Menschenwürde ausgerichteten Grundsatz der Verhältnismäßigkeit ist insofern hilfreicher als das Beharren auf vermeintlich zeitlos gültigen friedenspolitischen Prämissen.

Zweitens kann die Friedensbewegung von einer sachlichen Auseinandersetzung mit friedenspolitischen Themen profitieren. Kalte-Kriegs-Rhetorik, latenter Antiamerikanismus und populistische Diskursmuster haben das friedenspolitische Engagement in der Öffentlichkeit zunehmend diskreditiert. Die Friedensbewegung muss neu lernen, als Ressource des politischen Diskurses wahrgenommen zu werden. Die Analyse zur Effektivität der Friedensbewegung hat aufgezeigt, dass hohe Mobilisierungszahlen nicht zwangsläufig zu politischen Erfolgen führen. Zentral ist vielmehr, sich mit gezielten Vorstößen an die richtigen Zielgruppen zu wenden. Dabei ist es erfolgversprechender, auf Etappenziele hinzuarbeiten als Entscheidungsträger:innen mit Globalzielen zu überfordern. Die Chance, politischen Wandel herbeizuführen, ist ungleich größer, wenn eine operationalisierbare Agenda verfolgt wird. Auch in dieser Hinsicht kann die Friedensbewegung von den Erfolgen beziehungsweise Fehlern der Klimabewegung lernen. Während die *Letzte Generation* seit geraumer Zeit mit teils drastischen Forderungen auf taube Ohren stößt, hat *Fridays for Future* durch gezielte Strategien – etwa durch die Klage vor dem Bundesverfassungsgericht – politischen Wandel herbeigeführt.

Drittens – und dies hängt eng mit den bereits genannten Aspekten zusammen – muss sich die Friedensbewegung klar von radikalisierten Stimmen distanzieren. Viele der hier analysierten Kritikpunkte mögen nur auf eine kleine Minderheit der Anhänger:innen der Friedensbewegung zutreffen. Es wäre ungerecht, undifferenziert zu pauschalisieren und von wenigen schrillen Stimmen auf die Gesamtheit zu schließen. Und doch muss sich die Gesamtheit bewusst sein, dass genau das passiert, wenn eine Distanzierung ausbleibt. Der Friedensbewegung ist nicht zum Vorwurf zu machen, dass ihre Themen von rechtsradikalen oder verschwörungstheoretischen Gruppierungen vereinnahmt werden. Ihr ist allerdings sehr wohl vorzuwerfen, sich von diesen nicht hinreichend abgegrenzt zu haben. Dies ist umso wichtiger, weil es in der Friedensbewegung eben keine fest definierte Mitgliedschaft gibt, sodass das Label von allen Seiten beansprucht werden kann. Diese Offenheit birgt zwar einerseits die Gefahr, von radikalen Stimmen vereinnahmt zu werden; positiv gewendet impliziert sie allerdings auch, dass die Friedensbewegung sich in ihren Inhalten immer wieder neu erfinden kann und muss.

Um die Ursachen der gegenwärtigen Krise nachhaltig zu bekämpfen, muss die Friedensbewegung viertens ihre impliziten Grundüberzeugungen auf den Prüfstand stellen. Die Reaktion der Friedensbewegung auf den russischen Angriffskrieg zeigt, dass populistische Diskursmuster, antiamerikanische Tendenzen und Narrative des Kalten Kriegs über Jahrzehnte internalisiert wurden. Es bedarf einer intensiven Auseinandersetzung mit den Ursprüngen und der Genese der Friedensbewegung, um diese Grundüberzeugungen in einem ersten Schritt sichtbar zu machen und sie dann in einem zweiten Schritt einer kritischen Evaluierung unterziehen zu können. Andernfalls läuft man Gefahr, jegliche sicherheitspolitische Realität in die immer gleichen Interpretationsmuster zu pressen und damit Scheindebatten zu führen. Schlimmstenfalls dient die Friedensbewegung dann mehr der Selbstvergewisserung ihrer Mitglieder als ihrem eigentlichen Ziel des Friedens. Diese Grunddynamik zeigt drastisch auf, dass das Friedensengagement nicht nur eine Frage des guten Willens, sondern auch des historischen und politischen Sachverstands ist.

Ein Schlüssel zur Wiederbelebung der Friedensbewegung ist schließlich, dass es ihr gelingt, positive Deutungsrahmen für friedenspolitische Themen anzubieten. Es ist nicht verwunderlich, dass eine Bewegung, die unentwegt auf die Gefahren sicherheitspolitischer Herausforderungen hinweist, wenig attraktiv erscheint. Sie spielt letztlich mit der Emotion der Angst und führt eher in die Schockstarre als in ein zukunftsorientiertes friedenspolitisches Engagement. Die Klimabewegung zeigt eindrücklich auf, dass das geeignete Framing politischer Diskurse nicht nur Schönfärberei, sondern unabdingbarer Erfolgsfaktor ist. Im Diskurs wird man mehr Reichweite erzielen können, wenn man die Attraktivität des Friedens vor Augen führt, als wenn man vor den Gefahren des Kriegs warnt. Es besteht eben doch ein gewaltiger Unterschied zwischen einer Anti-Kriegs-Bewegung und einer Friedensbewegung.

Anmerkungen

2. Der Wandel des Friedensbegriffs: Vom Ende der Geschichte zur unendlichen Geschichte

[1] Vgl. Klaus von Beyme 1994, Systemwechsel in Osteuropa. Berlin: Suhrkamp, 12ff.

[2] Vgl. Harald Müller 2002, Antinomien des demokratischen Friedens, in: Politische Vierteljahresschrift (43)1, 46–81, 48.

[3] Stephan Rosiny/Thomas Richter 2016, Der Arabische Frühling und seine Folgen, online unter: https://www.bpb.de/shop/zeitschriften/izpb/naher-osten-331/238933/der-arabische-fruehling-und-seine-folgen/, letzter Zugriff: 31.08.2023.

[4] Olaf Scholz, Regierungserklärung in der Sondersitzung zum Krieg gegen die Ukraine vor dem Deutschen Bundestag. 27.02.2022, 8, online unter: https://www.bundesregierung.de/resource/blob/975292/2138164/ed927ada99786db8f7a5effd0b34a1e6/bundeskanzler-olaf-scholz-reden-zur-zeitenwende-2-aufl-download-bpa-data.pdf?download=1, letzter Zugriff: 31.08.2023.

[5] Vgl. UN-Generalversammlung 1952, Preparation of two Draft International Covenants on Human Rights, 5. Februar 1952, A/RES/543/(VI).

[6] Vgl. UN-Generalversammlung 1984, Erklärung über das Recht der Völker auf Frieden. 12. November 1984, A/RES/39/11, Anhang.

[7] Ebd.

[8] Konferenz der Vereinten Nationen über Umwelt und Entwicklung, Rio-Erklärung über Umwelt und Entwicklung, 14. Juni 1992, online unter: https://www.un.org/depts/german/conf/agenda21/rio.pdf, letzter Zugriff: 31.08.2023.

[9] UN-Sicherheitsrat, Security Council Summit Statement Concerning the Council's Responsibility in the Maintenance of International Peace and Security. S/23500.

[10] Antonio Guterres 2021, Remarks to the Security Council, online unter: https://www.un.org/sg/en/content/sg/statement/2021-02-23/secretary-generals-remarks-the-security-council-addressing-climate-related-security-risks-international-peace-and-security-through-mitigation-and-resilience-building, letzter Zugriff: 31.08.2023.

[11] Bundesrepublik Deutschland 2023, Nationale Sicherheitsstrategie Integrierte Sicherheit für Deutschland, 16, online unter: https://www.auswaertiges-amt.de/blueprint/servlet/blob/2604006/857b2e75fade2a89cc5232a59fca997b/nationale-sicherheitsstrategie-data.pdf, letzter Zugriff: 31.08.2023.

[12] Vgl. UN Department of Peacekeeping Operations 2008, United Nations Peacekeeping Operations. Principles and Operations, 19, online unter: https://peacekeeping.un.org/sites/default/files/peacekeeping/en/capstone_eng.pdf, letzter Zugriff: 31.08.2023.

[13] Vgl. Robert Falkner 2021, Environmentalism and Global International Society. Cambridge: Cambridge University Press.

3. Die historischen Ursprünge der Friedensbewegung

[1] Günther Schmid, Die Friedensbewegung in Deutschland. Entstehungsursachen – Selbstverständnis – Strukturen – innere Widersprüche. München: Bayerische Landeszentrale für politische Bildungsarbeit, 12.

[2] Ebd.

[3] Vgl. David R. Zeller Jr./Robert D. Benford 2022, Peace Movements, in: Lester R. Kurtz (Hrsg.), International Encyclopedia of the Social & Behavioral Sciences, Cambridge: Academic Press, Bd. 2, 487–501, 487.

[4] Vgl. Bertha von Suttner 1906, Die Entwicklung der Friedensbewegung. 18. April 1906, online unter: https://www.nobelprize.org/prizes/peace/1905/suttner/26131-bertha-von-suttner-nobelvorlesung/, letzter Zugriff: 31.08.2023.

[5] Ebd.

[6] Ebd.

[7] Vgl. Matthias Schulz 2007, Vom Direktorialsystem zum Multilateralismus? Die Haager Friedenskonferenz von 1907 in der Entwicklung des internationalen Staatensystems bis zum Ersten Weltkrieg, in: Die Friedens-Warte (82)4, 33f.

[8] Carl von Clausewitz 1832, Vom Kriege, I, I, 2.

[9] Otto Umfrid, zitiert in: Bernd Ulrich, Bund Neues Vaterland. Friedenskämpfer im Ersten Weltkrieg. 16.11.2014, online unter: https://www.deutschlandfunk.de/bund-neues-vaterland-friedenskaempfer-im-ersten-weltkrieg-100.html, letzter Zugriff: 31.08.2023.

[10] Vgl. Wolfgang Benz 1970, Der Fall Muehlon. Bürgerliche Opposition im Obrigkeitsstaat während des Ersten Weltkriegs, in: Vierteljahreshefte für Zeitgeschichte 18(4), 345.

[11] Vgl. ebd.

[12] Vgl. Guido Grünewald 1994, Die Bürgerliche Friedensbewegung bis 1933, in: FriedensForum (5), online unter: https://www.friedenskooperative.de/friedensforum/artikel/die-buergerliche-friedensbewegung-bis-1933, letzter Zugriff: 31.08.2023.

[13] Vgl. ebd.

[14] Deutscher Reichstag 1917, 16. Sitzung des Reichstags, 19. Juli 1917, in: Verhandlungen des Reichstags, XIII. Legislaturperiode, II. Session, Band 310, Stenographische Berichte, 3573.

[15] Vgl. Carlo Falconi 1967, The Popes in the Twentieth Century. From Pius X to John XXIII, Boston: Little, Brown and Company, 116; John Pollard 2015, Papal Diplomacy and The Great War, in: New Blackfriars (96)1062, 147–157, 150.

[16] Woodrow Wilson 1918, 14-Punkte-Programm. 8. Januar 1918, Punkt 14. Online unter: https://usa.usembassy.de/etexts/ga2d-14points.htm, letzter Zugriff: 31.08.2023.

[17] Vgl. Johannes Ludwig 2021, Zwischen Anspruch und Wirklichkeit. Die politische Praxis des Heiligen Stuhls bei den Vereinten Nationen im Spiegel der katholischen Begründung der Menschenrechte, Freiburg im Breisgau: Herder, 87f.

[18] Vgl. Alfred H. Fried 1914, Kurze Aufklärungen über Wesen und Ziel des Pazifismus. Berlin: Friedens-Warte, 2.

[19] Karl Holl 1978, Pazifismus, in: Otto Brunner (Hrsg.), Geschichtliche Grundbegriffe. Historisches Lexikon zur politisch-sozialen Sprache in Deutschland, Bd. 4, Stuttgart 1978, 767–787, 776.

[20] Vgl. Dieter Riesenberger 2006, Friedensbund Deutscher Katholiken, 1919–1933, in: Historisches Lexikon Bayerns, online unter: https://www.historisches-lexikon-bayerns.de/Lexikon/Friedensbund_Deutscher_Katholiken,_1919-1933, letzter Zugriff: 31.08.2023; Andreas Holzem/Antonia Leugers 2021, Krieg und Frieden in München 1914–1939. Topografie eines Diskurses, Paderborn: Schöningh, 164–176.

[21] Zitiert nach Dominik Schindler 2019, Krieg und Frieden im Denken Michael von Faulhabers (1914–1918). Reaktionen auf päpstliche Aussagen zum Frieden, in: Birgit Aschmann/Heinz-Gerhard Justenhoven (Hrsg.), Dès le début. Die Friedensnote Papst Benedikts XV. von 1917, Leiden: Brill, 189–217, 189.

[22] Vgl. Rita Anna Tüpper 2020, Adenauer als Präsident des Katholikentags 1922, in: Michael Borchard/Judith Michel (Hrsg.), Erinnerungsorte der Christlichen Demokratie in Deutschland, Berlin: KAS, online unter: https://www.konrad-adenauer.de/seite/adenauer-als-praesident-des-katholikentags-1922adenauer-als-praesident-des-katholikentags-1922/, letzter Zugriff: 31.08.2023.

[23] Michael Faulhaber 1918, Kritische Online-Edition der Tagebücher Michael Kardinal von Faulhabers (1911-1952). Tagebucheintrag vom 13. November 1918, NL Faulhaber 10003, 10, online unter: https://faulhaber-edition.de/10003_1918-11-13_T01, letzter Zugriff: 14.08.2023.

[24] Michael Faulhaber 1932, Kritische Online-Edition der Tagebücher Michael Kardinal von Faulhabers (1911-1952). Tagebucheintrag vom 13. März 1932, NL Faulhaber 10014, 109, online unter: https://faulhaber-edition.de/10014_1932-03-13_T01, letzter Zugriff: 14.08.2023.

[25] Erich Mühsam, zitiert in: Wolfgang Benz 2005, Der Kampf gegen den Nationalsozialismus vor 1933, online unter: https://www.bpb.de/themen/

nationalsozialismus-zweiter-weltkrieg/dossier-nationalsozialismus/39540/ der-kampf-gegen-den-nationalsozialismus-vor-1933/, letzter Zugriff: 01.09.2023.

[26] Alfred Rosenberg 1934, Der Mythos des 20. Jahrhunderts. Eine Wertung der seelisch-geistigen Gestaltenkämpfe unserer Zeit. München: Hoheneichen, 446.

[27] Ebd., 72.

[28] Albert Einstein 1939, Letter to F. D. Rooselvelt. 2. August 1939, online unter: https://ahf.nuclearmuseum.org/ahf/key-documents/einstein-szilard-letter/, letzter Zugriff: 01.09.2023.

[29] Vgl. MAUD Committee 1941, Report by M.A.U.D. Committee on the use of Uranium as a source of power, online unter: https://ahf.nuclearmu seum.org/ahf/key-documents/maud-committee-report/, letzter Zugriff: 01.09.2023.

[30] Albert Einstein 1954, zitiert in: Linus Pauling, Tagebucheintrag, 16. November 1954, online unter: https://www.theatlantic.com/technology/archive/ 2013/08/einstein-likely-never-said-one-of-his-most-oft-quoted-phrases/2785 08/, letzter Zugriff: 01.09.2023.

[31] Vgl. Winston Churchill 1945, Prime Minister to President Truman, No. 44, 12. Mai 1945, online unter: https://www.nationalarchives.gov.uk/education/ resources/cold-war-on-file/churchill-post-yalta/, letzter Zugriff: 01.09.2023.

[32] Vgl. George F. Kennan 1947, The Sources of Soviet Conduct, online unter: https://www.foreignaffairs.com/russian-federation/george-kennan-sources-so viet-conduct, letzter Zugriff: 01.09.2023.

[33] Konrad Adenauer 1952, Rede vor dem Bundestag, 7. Februar 1952, 2, online unter: https://www.cvce.eu/content/publication/2002/1/4/4b905344-a10b -4b12-9d3b-f7e1f3358702/publishable_de.pdf, letzter Zugriff: 01.09.2023.

[34] Vgl. Deutscher Bundestag 2023, Geschichte. Historische Debatten (1): Wiederbewaffnung, online unter: https://www.bundestag.de/dokumente/ textarchiv/wiederbewaffnung-199536, letzter Zugriff: 01.09.2023.

[35] Gustav Heinemann 1955, Rede in der Frankfurter Paulskirche, 29. Januar 1955, online unter: https://www.deutschlandfunk.de/vor-65-jahren-das-deutsche-manifest-gegen-die-100.html, letzter Zugriff: 01.09.2023.

[36] Universität Göttingen 1957, Text des Göttinger Manifests der Göttinger 18, online unter: https://www.uni-goettingen.de/de/text+des+g%c3%b6ttinger+ manifests/54320.html, letzter Zugriff: 01.09.2023.

[37] Vgl. Robbie Lieberman 1992 „Does that make peace a bad word?“ American Responses to the Communist Peace Offensive, 1949–1950, in: Peace and Change (17)2, 198–228.

[38] Albert Schweitzer 1954, Nobel Lecture, online unter: https://www.nobel prize.org/prizes/peace/1952/schweitzer/lecture/, letzter Zugriff: 01.09.2023.

[39] Albert Schweitzer 1957, A Declaration of Conscience, 24. April 1957, online unter: https://www.wagingpeace.org/a-declaration-of-conscience/, letzter Zugriff: 01.09.2023.

[40] Albert Schweitzer (undatiert), Brief an Martin Niemöller, online unter: https://www.zentrum-verkuendigung.de/fileadmin/zentrum-verkuendigung/Downloaddatenbank/Besondere_Themen_und_Anl%C3%A4sse/Frieden/1._Weltkrieg_Materialen_f%C3%BCr_Gottesdienst_und_Gemeindearbeit.pdf, letzter Zugriff: 01.09.2023.

[41] Vgl. March to Adlermaston. Leaflet from the Campaign Against Nuclear Disarmament 1958, online unter: https://www.nationalarchives.gov.uk/education/resources/cold-war-on-file/aldermaston-march/, letzter Zugriff: 01.09.2023.

[42] Norddeutscher Rundfunk 2022, Tagelang unterwegs: der erste deutsche Ostermarsch, 18.04.2022, online unter: https://www.ndr.de/geschichte/chronologie/Vom-ersten-deutsche-Ostermarsch-zur-Friedensbewegung,ostermarsch2.html, letzter Zugriff: 01.09.2023.

[43] Vgl. Zoran Arbutina 2008, Ostermärsche früher und heute, 23. März 2008, online unter: https://www.dw.com/de/marschieren-f%C3%BCr-den-frieden-die-tradition-der-osterm%C3%A4rsche/a-3204404, letzter Zugriff: 01.09.2023.

[44] Andreas Buro 2008, zitiert in: Zoran Arbutina, Ostermärsche früher und heute, 23. März 2008, online unter: https://www.dw.com/de/marschieren-f%C3%BCr-den-frieden-die-tradition-der-osterm%C3%A4rsche/a-3204404, letzter Zugriff: 01.09.2023.

[45] Vgl. Marlis Schaum 2006, Stell' Dir vor, es ist Ostermarsch und keiner marschiert, 16. April 2006, online unter: https://www.dw.com/de/stell-dir-vor-es-ist-ostern-und-keiner-marschiert/a-1967834, letzter Zugriff: 01.09.2023.

[46] Vgl. Zoran Arbutina 2008, Ostermärsche früher und heute, a. a. O.

[47] Grundlagenvertrag, 21. Dezember 1972, Bulletin (155), 1841–1844, Art. 5.

[48] Vgl. Rolf Steininger 2020, Der Vietnamkrieg, online unter: https://www.bpb.de/themen/nordamerika/usa/317398/der-vietnamkrieg/, letzter Zugriff: 01.09.2023.

[49] Andrew Preston 2018, Wie die Friedensbewegung in den ewigen Krieg führte, in: Neue Zürcher Zeitung, 22. April 2018, online unter: https://www.nzz.ch/feuilleton/wie-die-friedensbewegung-in-den-ewigen-krieg-fuehrte-ld.1378435, letzter Zugriff: 01.09.2023.

[50] Ebd.

[51] Vgl. Philipp Gassert 2019, Rüstung Bündnissolidarität und Kampf um Frieden. Lernen aus dem Nato-Doppelbeschluss von 1979?, in: Aus Politik und Zeitgeschichte (69)18–19, 9–14, 12f.

[52] Ebd., 12.

[53] Petra Kelly 1983, zitiert in: Petra Kelly und Gert Bastian. Tragische Symbolfiguren, 03. Mai 2019, online unter: https://www.mdr.de/geschichte/zeitgeschichte-gegenwart/petra-kelly-gert-bastian-gruene-100.html, letzter Zugriff: 01.09.2023.

[54] Willy Brandt 1983, Rede im Bonner Hofgarten, 22. Oktober 1983, online unter: https://www.spiegel.de/geschichte/25-jahre-proteste-gegen-nachruestung-a-947980.html, letzter Zugriff: 01.09.2023.

[55] Christoph Wonneberger 1983, Fastentagebuch-Eintrag von M. B., online unter: https://www.hdg.de/lemo/zeitzeugen/christoph-wonneberger-fasten-fuer-das-leben.html, letzter Zugriff: 01.09.2023.

[56] Deutscher Bundestag 1981, Kleine Anfrage „Krefelder Appell gegen den Nachrüstungsbeschluss der NATO vom Dezember 1979, 9/861, 02. Oktober 1981, online unter: https://dserver.bundestag.de/btd/09/008/0900861.pdf, letzter Zugriff: 01.09.2023.

[57] Deutscher Bundestag 1981, Antwort der Bundesregierung auf die Kleine Anfrage „Krefelder Appell" gegen den Nachrüstungsbeschluss der NATO vom Dezember 1979, 9/1057, 19. November 1981, 4, online unter: https://ia801400.us.archive.org/3/items/ger-bt-drucksache-09-1057/0901057.pdf, letzter Zugriff: 01.09.2023.

[58] Ebd.

[59] Vgl. Jeffrey Herf 1991, War by other Means. Soviet Power, West German Resistance, and the Battle of the Euromissiles, New York: Free Press of Macmillan, 3.

[60] Udo Baron 2003, Die verführte Friedensbewegung. Zur heute nachweisbaren Einflussnahme von SED und MfS, in: Die Politische Meinung (407), 55–61, 59.

[61] Vgl. Holger Nehring/Benjamin Ziemann 2011, Führen alle Wege nach Moskau? Der NATO-Doppelbeschluss und die Friedensbewegung – eine Kritik, in: Vierteljahreshefte für Zeitgeschichte (59)1, 81–100, 86f.

[62] Vgl. Ebd., 90f.

[63] Udo Baron 2003, Die verführte Friedensbewegung, a. a. O., 61.

[64] Vgl. Daniela Pastoors 2019, Der Zivile Friedensdienst als Beispiel ziviler Konfliktbearbeitung, online unter: https://www.bpb.de/themen/kriege-konflikte/dossier-kriege-konflikte/290360/der-zivile-friedensdienst-als-beispiel-ziviler-konfliktbearbeitung/, letzter Zugriff: 01.09.2023.

[65] Vgl. Alexander Leistner 2022, Wo steht die Friedensbewegung und was steht an?, in: Forschungsjournal Soziale Bewegungen 35(4), 596–612, 603.

[66] Gerhard Schröder 1999, Erklärung zur Lage im Kosovo. 24. März 1999, online unter: https://www.bundesregierung.de/resource/blob/975954/1122050/a72b1e5c01eb65717394ec45549b01e0/13-99-schroeder-1-data.pdf?download=1, letzter Zugriff: 01.09.2023.

[67] Vgl. Elisa Satjukow 2022, Für wessen Frieden? Und gegen welchen Krieg? Moralische Aushandlungen der NATO-Intervention im Kosovokrieg 1999, in: Forschungsjournal Soziale Bewegungen 35(4), 627–638, 628.

[68] Joschka Fischer 1999, Rede auf dem Parteitag, 13. Mai 1999, zitiert in:

https://www.spiegel.de/politik/deutschland/wortlaut-auszuege-aus-der-fischer-rede-a-22143.html, letzter Zugriff: 01.09.2023.

[69] Holger Nehring 2022, Friedensbewegungen und Kriegserinnerungen: Deutschland im europäischen Kontext, in: Forschungsjournal Soziale Bewegungen 35(4), 613–626, 622.

[70] UN-Sicherheitsrat 2003, Briefing Security Council, US Secretary of State Powell Presents Evidence of Iraq's Failure to Disarm, SC/7658, 05. Februar 2003, online unter: https://press.un.org/en/2003/sc7658.doc.htm, letzter Zugriff: 01.09.2023.

[71] Vgl. UN-Sicherheitsrat 2003, UN Inspectors Found no Evidence of Prohibited Weapons Programmes as of 18 March Withdrawal, Hans Blix Tells Security Council, SC/7777, 05. Juni 2003, online unter: https://press.un.org/en/2003/sc7777.doc.htm, letzter Zugriff: 01.09.2023.

[72] Uli Wohland 2021, „Krieg gegen den Terror" und friedensbewegte Mobilisierung?, in: FriedensForum 5, online unter: https://www.friedenskooperative.de/friedensforum/artikel/krieg-gegen-den-terror-und-friedensbewegte, letzter Zugriff: 01.09.2023.

[73] ARD Kontraste 2003, Neonazis als Friedensengel – Die neue Antikriegs-Allianz, 10. April 2003, unter: https://www.rbb-online.de/kontraste/ueber_den_tag_hinaus/extremisten/neonazis_als_friedensengel.html, letzter Zugriff: 01.09.2023.

[74] Ebd.

[75] Vgl. Felix Lee 2010, Krieg ohne Protest. Schwache Friedensbewegung, 19.02.2010, in: https://taz.de/Schwache-Friedensbewegung/!5147311/, letzter Zugriff: 01.09.2023.

[76] Rainer Braun, zitiert in: Felix Lee 2010, Krieg ohne Protest, a. a. O.

[77] Vgl. Mani Stenner 2011, Libyen: Fataler Präzedenzfall für interessengeleitete Intervention, in: FriedensForum 2, online unter: https://www.friedenskooperative.de/friedensforum/artikel/libyen-fataler-praezendenzfall-fuer, letzter Zugriff: 01.09.2023.

[78] Vgl. Barack Obama 2012, Remarks by the President to the White House Press Corps, 20. August 2012, online unter: https://obamawhitehouse.archives.gov/the-press-office/2012/08/20/remarks-president-white-house-press-corps, letzter Zugriff: 01.09.2023.

[79] Bente Scheller 2016, Beim Sterben wegsehen, 10. Dezember 2016, online unter: https://taz.de/Debatte-Krieg-in-Syrien/!5361853/, letzter Zugriff: 01.09.2023.

[80] Kampagne Macht Frieden. Zivile Lösungen für Syrien 2023, Über die Kampagne, online unter: http://www.macht-frieden.de/informieren/ueber-die-kampagne, letzter Zugriff: 01.09.2023.

[1] Sebastian Bähr 2022, Was macht eigentlich die Friedensbewegung?, 25. Februar 2022, online unter: https://www.zeit.de/gesellschaft/2022-02/friedensbewegung-russland-ukraine-krieg-solidarisierung, letzter Zugriff: 01.09.2023.

[2] Sabine Rennefanz 2022, Ist das alles, was von der Friedensbewegung übrig geblieben ist?, 28. April 2022, online unter: https://www.spiegel.de/politik/deutschland/krieg-in-der-ukraine-der-tod-der-friedensbewegung-kolumne-a-91e1f053-19ec-4c45-88b0-1c1dfc88f770t, letzter Zugriff: 01.09.2023.

[3] Thomas Balbierer et al. 2023, Ein bisschen Friedensbewegung, 23. Februar 2023, online unter: https://www.sueddeutsche.de/politik/friedensbewegung-ukraine-protest-1.5535325?reduced=true, letzter Zugriff: 06.09.2023.

[4] Pascal Beucker 2015, Die Baisse der Friedensbewegung, 04. April 2015, online unter: https://taz.de/Ostermaersche-in-der-Krise/!5014025/, letzter Zugriff: 06.09.2023.

[5] Sabine Rennefanz 2022, Ist das alles, was von der Friedensbewegung übrig geblieben ist?, a. a. O.

[6] Vgl. Günther Schmid, Die Friedensbewegung in Deutschland. Entstehungsursachen – Selbstverständnis – Strukturen – innere Widersprüche. München: Bayerische Landeszentrale für politische Bildungsarbeit, 23.

[7] Vgl. dazu ausführlich Claudia Lepp 2010, Zwischen Konfrontation und Kooperation: Kirchen und soziale Bewegungen in der Bundesrepublik (1950–1983), in: Zeithistorische Forschungen (7), 364–385.

[8] Vgl. Forschungsgruppe Weltanschauungen in Deutschland 2022, Kirchenmitglieder 49,7 Prozent, online unter: https://fowid.de/meldung/kirchenmitglieder-49-7-prozent, letzter Zugriff: 06.09.2023.

[9] Pax christi 2022, Stoppt den Krieg gegen die Ukraine, 14. März 2022, online unter: https://essen.paxchristi.de/meldungen/view/5855140116430848/Stoppt%20den%20Krieg%20gegen%20die%20Ukraine!, letzter Zugriff: 06.09.2023.

[10] Evangelische Kirche in Deutschland 2022, Gewalt beenden, dem Hass entgegentreten, 24. März 2022, online unter: https://www.ekd.de/kiko-ekd-gewalt-beenden-dem-hass-entgegentreten-72457.htm, letzter Zugriff 06.09.2023.

[11] Pax christi 2022, Stoppt den Krieg gegen die Ukraine, a. a. O.

[12] Jan Rathje 2022, Verschwörungstheoretische Positionierungen zum russischen Angriffskrieg gegen die Ukraine, 11. März 2022, online unter: https://cemas.io/blog/positionen-ukraine/, letzter Zugriff: 06.09.2023.

[13] Ebd.

[14] Alexander Leistner et al. 2022, „Die Friedensbewegung ist eine sehr deutsche, sehr weiße, eine sehr alte Bewegung“, in: Forschungsjournal Soziale Bewegungen 35(4), 639–652, 639.

[15] Bundeszentrale für politische Bildung 2023, Bewegungsgesellschaften,

online unter: https://www.bpb.de/themen/deutsche-einheit/lange-wege-der-deutschen-einheit/501145/bewegungsgesellschaften/, letzter Zugriff: 06.09.2023.

[16] Zitiert in Larissa Meier/Priska Daphi 2022, Friedensbewegung und Krieg: Warum konnte die Ostermarschbewegung kaum von der öffentlichen Empörung über den russischen Angriffskrieg auf die Ukraine profitieren?, in: Forschungsjournal Soziale Bewegungen 35(4), 580–595.

[17] Vgl. Ebd., 590.

[18] Vgl. Ebd., 587.

[19] Angela Tesch 2022, „Nein zum Krieg", 16. April 2022, online unter: https://www.tagesschau.de/inland/ostermaersche-ukraine-101.html, letzter Zugriff 06.09.2023.

[20] Vgl. Renate Köcher 2022, Neues Leitbild „Wehrhafter Friede", 27. Mai 2022, online unter: https://www.ifd-allensbach.de/fileadmin/kurzberichte_dokumentationen/FAZ_Mai2022_WehrhafterFrieden.pdf, letzter Zugriff: 06.09.2023.

[21] Vgl. Stacy Keogh 2013, The survival of religious peace movements: When mobilization increases as political opportunity decreases, in Social Compass 60(4), 561–578, 571.

[22] Vgl. Dieter Rucht 2012, Massen mobilisieren, in: Aus Politik und Zeitgeschichte 22(25–26), 3–9.

[23] Sascha Lobo 2022, Der deutsche Lumpen-Pazifismus, 20. April 2022, online unter: https://www.spiegel.de/netzwelt/netzpolitik/ukraine-krieg-der-deutsche-lumpen-pazifismus-kolumne-a-77ea2788-e80f-4a51-838f-591843da8356, letzter Zugriff: 06.09.2023.

[24] MDR Investigativ 2023, Abgrenzung gegen rechts: Für Wagenknecht eine „Gespensterdebatte", 04. März 2023, online unter: https://www.mdr.de/nachrichten/deutschland/politik/wagenknecht-schwarzer-manifest-frieden-afd-100.html, letzter Zugriff: 06.09.2023.

[25] Björn Höcke 2022, Frieden schaffen ohne Waffen, 27. April 2022, online unter: https://www.facebook.com/photo.php?fbid=654295902660729&set=a.599798814777105&type=3&ref=embed_post, letzter Zugriff: 06.09.2023.

[26] Vgl. dazu etwa den Überblick von Maximilian Sepp 2023, Wie Rechte reden, 21. September 2023, in: https://www.zeit.de/2023/40/ns-rhetorik-afd-bjoern-hoecke, letzter Zugriff: 28.09.2023.

[27] Pax christi 2022, Stoppt den Krieg gegen die Ukraine, a. a. O.

[28] Nina-Kathrin Wienkoop 2022, Frieden schaffen ohne Waffen? Der Protest erlebt eine Zeitenwende, 09. April 2022, online unter: https://www.helmut-schmidt.de/aktuelles/detail/frieden-schaffen-ohne-waffen-der-protest-erlebt-eine-zeitenwende, letzter Zugriff: 06.09.2023.

[29] Vgl. Nina-Kathrin Wienkoop 2022, Frieden schaffen ohne Waffen?, a. a. O.

[30] The Economist 2019, Emmanuel Macron warns Europe: NATO is becoming brain-dead, 07. November 2019, online unter: https://www.economist.com/europe/2019/11/07/emmanuel-macron-warns-europe-nato-is-becoming-brain-dead, letzter Zugriff: 06.09.2023.

[31] Alternative für Deutschland 2023, Außen- und Verteidigungspolitik, online unter: https://www.afd.de/wahlprogramm-aussen-verteidigungspolitik/, letzter Zugriff: 06.09.2023.

[32] Ebd.

[33] Tino Chrupalla 2023, zitiert in: Deutscher Bundestag: Kanzler Olaf Scholz: Kein Friede über die Köpfe der Ukrainer hinweg, 01. März 2023, online unter: https://www.bundestag.de/dokumente/textarchiv/2023/kw09-de-regierungserklaerung-kanzler-933824, letzter Zugriff: 06.09.2023.

[34] Vgl. Tino Chrupalla 2023, zitiert in: Frederik Schindler 2023, Wie soll sich die Ukraine verteidigen, Herr Chrupalla? „Nicht meine Aufgabe", online unter: https://www.welt.de/politik/deutschland/plus238421535/AfD-Chef-Wie-soll-sich-die-Ukraine-verteidigen-Herr-Chrupalla-Nicht-meine-Aufgabe.html, letzter Zugriff: 06.09.2023.

[35] Alternative für Deutschland 2023, Außen- und Verteidigungspolitik, a. a. O.

[36] Vgl. Nina Kolleck et al. 2022, Einstellungen junger Menschen zum Krieg in der Ukraine, 10, online unter: https://www.uni-leipzig.de/fileadmin/ul/projekte/metaklub/2Einstellungen_Jugendlicher_zum_Krieg_in_der_Ukraine_final.pdf, letzter Zugriff: 06.09.2023.

5. In der Populismusfalle

[1] Alice Schwarzer/Sahra Wagenknecht 2023, Manifest für Frieden, 10. Februar 2023, online unter: https://www.change.org/p/manifest-für-frieden, letzter Zugriff: 06.09.2023.

[2] Vgl. Richard David Precht/Harald Welzer 2022, Die vierte Gewalt – Wie Mehrheitsmeinung gemacht wird, auch wenn sie keine ist. München: S. Fischer.

[3] Vgl. ebd., 94ff.

[4] Evangelische Kirche in Deutschland 2022, Gewalt beenden, dem Hass entgegentreten, 24. März 2022, online unter: https://www.ekd.de/kiko-ekd-gewalt-beenden-dem-hass-entgegentreten-72457.htm, letzter Zugriff 06.09.2023.

[5] Sahra Wagenknecht 2023, zitiert in hartaberfair, 27. Februar 2023, online unter: https://www1.wdr.de/daserste/hartaberfair/faktencheck/faktencheck-594.html, letzter Zugriff: 15. September 2023.

[6] Grundakte über gegenseitige Beziehungen, Zusammenarbeit und Sicherheit zwischen der Nordatlantikvertrags-Organisation und der Russischen Föderation, 3. Juni 1997, online unter: https://www.bundesregierung.de/

breg-de/service/bulletin/grundakte-ueber-gegenseitige-beziehungen-zusam menarbeit-und-sicherheit-zwischen-der-nordatlantikvertrags-organisation-und-der-russischen-foederation-1–803640, letzter Zugriff: 12.09.2023.

6. Eine Friedensethik der Verhältnismäßigkeit

[1] Sekretariat der Deutschen Bischofskonferenz (Hrsg.) 2000, Gerechter Friede, 27. September 2000, 41, online unter: https://www.dbk.de/fileadmin/re daktion/veroeffentlichungen/deutsche-bischoefe/DB66.pdf, letzter Zugriff 12.09.2023.

[2] Marc Beise/Annette Zoch 2023, Selenskij fordert klare Worte vom Papst, 13. Mai 2023, online unter https://www.sueddeutsche.de/politik/krieg-in-der-ukraine-papst-franziskus-evangelische-kirchen-vatikan-1.5857554, letzter Zugriff: 12.09.2023.

[3] Vgl. Ukrainische Regierung 2022, What is Zelenskyy's 10-Point Peace Plan?, online unter: https://war.ukraine.ua/faq/zelenskyys-10-point-peace-plan/, letzter Zugriff: 12.09.2023.

[4] Markus Vogt 2022, Christsein in einer fragilen Welt. Revisionen der Friedensethik angesichts des Ukrainekriegs, 1, online unter: https://ordosocialis.de/wp-content/uploads/Ukrainekrieg-Christsein-angesichts-einer-fragilen-Welt.pdf, letzter Zugriff: 12.09.2023.

[5] Evangelische Kirche in Hessen und Nassau 2022, Ukrainekrieg. Evangelische Friedensethik am Ende?, online unter: https://www.ekhn.de/aktuell/de tailmagazin/news/welche-perspektive-hat-die-evangelische-friedensethik-auf-den-ukraine-krieg.html, letzter Zugriff: 12.09.2023.

[6] Ebd.

[7] Vgl. Sekretariat der Deutschen Bischofskonferenz (Hrsg.) 2000, Gerechter Friede, a. a. O., 84.

[8] Ebd.

[9] Vgl. Evangelische Kirche in Deutschland 2007, Aus Gottes Frieden leben – für gerechten Frieden sorgen. München: Gütersloher Verlagshaus, 65ff.

[10] Vgl. ebd., 66.

[11] Vgl. Papst Franziskus, Enzyklika Fratelli Tutti über die Geschwisterlichkeit und die soziale Freundschaft, 3. Oktober 2020, Ziff. 26, online unter: https://www.vatican.va/content/francesco/de/encyclicals/documents/papa-francesco_20201003_enciclica-fratelli-tutti.html, letzter Zugriff: 12.09.2023.

[12] Vgl. Adrian Blattner/Jan Voelkel 2023, Polarisierung in Deutschland. Wenn Andersdenkende zu Gegnern werden, 28. August 2023, online unter: https://www.zeit.de/gesellschaft/2023-08/polarisierung-deutschland-afd-gruene-linke, letzter Zugriff: 12.09.2023.

[13] Weiterführende Gedanken zur Vereinbarkeit deontologischer und teleologischer Ansätze finden sich etwa bei Eberhard Schockenhoff 1997, Zwi-

schen Wissenschaft und Kirchlichkeit? Zum Standort der Moraltheologie, in: Theologie und Glaube 87, 590–626, 616.

[14] Das Prinzip der Verhältnismäßigkeit kann nicht nur in friedensethischen, sondern auch in medizinethischen Fragestellungen wegweisend sein. Vgl. hierzu etwa Stephan Ernst 2020, Am Anfang und Ende des Lebens. Grundfragen medizinischer Ethik. Freiburg im Breisgau: Herder.

[15] Vgl. zur Begründung eines absoluten Folterverbots unter Rückgriff auf den deontologischen Kern der Menschenwürde auch Eberhard Schockenhoff 2007, Grundlegung der Ethik. Ein theologischer Entwurf. Freiburg im Breisgau: Herder, 405ff.

7. Was die Friedensbewegung von der Klimabewegung lernen kann

[1] Vgl. TUI-Stiftung 2023, Jugendstudie Junges Europa 2023, 76, online unter: https://www.tui-stiftung.de/wp-content/uploads/2023/06/2023_06_02-YouGov_Ergebnisbericht_TUI-Stiftung_Junges-Europa.pdf, letzter Zugriff: 12.09.2023.

[2] Vgl. etwa Danuta Palarczyk 2023, Ecocide before the International Criminal Court. Simplicity is better than an Elaborate Embellishment, in: Criminal Law Forum 34, 147–207.

[3] Vgl. Antonio Guterres 2021, Statement by António Guterres at Security Council Debate on Climate and Security, 23. September 2021, online unter: https://unfccc.int/news/statement-by-antonio-guterres-at-security-council-debate-on-climate-and-security, letzter Zugriff: 12.09.2023.

[4] Bundesministerium für wirtschaftliche Zusammenarbeit und Entwicklung 2023, SDG 16. Frieden, Gerechtigkeit und starke Institutionen, online unter: https://www.bmz.de/de/agenda-2030/sdg-16, letzter Zugriff: 12.09.2023.

[5] Vgl. Dieter Rucht/Dieter Rink 2020, Mobilisierungsprozesse von Fridays for Future. Ein Blick hinter die Kulissen, in: Sebastian Haunss/Moritz Sommer (Hrsg.), Fridays for Future – Die Jugend gegen den Klimawandel. Konturen der weltweiten Protestbewegung. Bielefeld: transcript, 95–114, 102; vgl. bei diesen auch Bert Klandermans 1988, The Formation and Mobilization of Consensus, in: Bert Klandermans et al. (Hrsg.), International Social Movements Research, 173–196.

[6] Dieter Rucht/Dieter Rink 2020, Mobilisierungsprozesse von Fridays for Future, a. a. O., 111.

[7] Ebd., 102.

[8] Vgl. ebd., 111.

[9] Vgl. Moritz Sommer et al. 2020, Wer demonstriert da? Ergebnisse von Befragungen bei Großprotesten von Fridays for Future in Deutschland im März und November 2019, in: Sebastian Haunss/Moritz Sommer (Hrsg.), Fridays for Future – Die Jugend gegen den Klimawandel, a. a. O., 15–66, 60.

[10] Vgl. Sebastian Koos/Franziska Lauth 2020, Die gesellschaftliche Unterstützung von Fridays for Future, in: Sebastian Haunss/Moritz Sommer (Hrsg.), Fridays for Future – Die Jugend gegen den Klimawandel, a. a. O., 205–225, 221f.

[11] Martin Bernstein 2023, Demonstrationen gegen die Sicherheitskonferenz. Links? Rechts? Hauptsache, gegen Nato und USA, 16. Februar 2023, online unter: https://www.sueddeutsche.de/muenchen/sicherheitskonferenz-muenchen-demonstrationen-rechtsextremisten-linke-nato-usa-frieden-1.5752503?reduced=true, letzter Zugriff: 12.09.2023.

[12] Otmar Steinbicker 2016, Die NATO als Sicherheitsrisiko, in: Friedensforum (4), online unter: https://www.friedenskooperative.de/friedensforum/artikel/die-nato-als-sicherheitsrisiko, letzter Zugriff: 12.09.2023.

[13] Sicherheit neu denken 2021, Sicherheit neu denken. Von der militärischen zur zivilen Sicherheitspolitik – Ein Szenario bis zum Jahr 2040. Kurzfassung, online unter: https://www.sicherheitneudenken.de/media/download/variant/248631/d–kurzfassung_2021_web.pdf, letzter Zugriff: 12.09.2023.

[14] Münchner Friedenskonferenz 2023, Über uns. Unsere Positionen, online unter: https://friedenskonferenz.info/ueber-uns/ letzter Zugriff: 12.09.2023.

[15] Pascal Beucker 2023, Proteste bei Sicherheitskonferenz. Friedenswirrwarr in München, 16. April 2023, online unter: https://taz.de/Proteste-bei-Sicherheitskonferenz/!5916885/ , letzter Zugriff: 12.09.2023.

[16] Vgl. Sebastian Koos/Franziska Lauth 2020, Die gesellschaftliche Unterstützung von Fridays for Future, a. a. O., 206.

[17] Vgl. Bundesverfassungsgericht 2021, Verfassungsbeschwerden gegen das Klimaschutzgesetz teilweise erfolgreich, Pressemitteilung Nr. 31/2021 vom 29. April 2021, online unter: https://www.bundesverfassungsgericht.de/SharedDocs/Pressemitteilungen/DE/2021/bvg21-031.html, letzter Zugriff: 12.09.2023.

[18] Extinction Rebellion 2023, Unsere Forderungen, online unter: https://rebellion.global/de/, letzter Zugriff: 12.09.2023.

[19] Luisa Neubauer 2023, zitiert in: tagesschau.de, Klimaschutzaktivistin Neubauer kritisiert „Letzte Generation", 12. August 2023, online unter: https://www.tagesschau.de/inland/gesellschaft/neubauer-kritik-letzte-generation-100.html, letzter Zugriff: 12.09.2023.

[20] Vgl. hierzu auch Robin Celikates 2023, Protest in der Klimakrise. Die Legitimität zivilen Ungehorsams, in: Blätter für deutsche und internationale Politik 2, 96–106.

[21] Vgl. Dieter Rucht 2023, Die Letze Generation: Eine kritische Zwischenbilanz, in: Forschungsjournal Soziale Bewegungen 36(2), 186–204, 203.

[22] Vgl. Robin Celikates 2023, Protest in der Klimakrise, a. a. O., 104.

[23] Vgl. Maria J. Stephan/Erica Chenoweth 2008, Why Civil Resistance Works. The Strategic Logic of Nonviolent Conflict, in: International Security 33(1), 7–44.

[24] Letzte Generation 2023, Ziviler Widerstand. Warum er funktionieren kann, online unter: https://letztegeneration.org/ziviler-widerstand/#_ftn1, letzter Zugriff: 12.09.2023.

[25] Vgl. Maria J. Stephan/Erica Chenoweth 2008, Why Civil Resistance Works, a. a. O., 8f.

[26] Vgl. ebd., 9.

[27] Vgl. etwa Ulrich Gutmair 2022, Klimawandel und No Future. Die Rückkehr der Apokalypse, 13. August 2022, online unter: https://taz.de/Klimawandel-und-No-Future/!5871436/, letzter Zugriff: 12.09.2023.

[28] Dieter Rucht 2023, Die Letze Generation, a. a. O., 203.

[29] Vgl. Robin Celikates 2023, Protest in der Klimakrise, a. a. O., 105.

[30] Ebd., 104.

Ausgewählte Literatur

Baron, Udo (2003): Die verführte Friedensbewegung. Zur heute nachweisbaren Einflussnahme von SED und MfS, in: Die Politische Meinung (407), 55–61.

Celikates, Robin (2023): Protest in der Klimakrise. Die Legitimität zivilen Ungehorsams, in: Blätter für deutsche und internationale Politik 2, 96–106.

Falkner, Robert (2021): Environmentalism and Global International Society. Cambridge: Cambridge University Press.

Fried, Alfred H. (1914): Kurze Aufklärungen über Wesen und Ziel des Pazifismus. Berlin: Friedens-Warte.

Grünewald, Guido (1994): Die Bürgerliche Friedensbewegung bis 1933, in: FriedensForum (5), online unter: https://www.friedenskooperative.de/friedensforum/artikel/die-buergerliche-friedensbewegung-bis-1933, letzter Zugriff: 31.08.2023.

Keogh, Stacy (2013): The survival of religious peace movements: When mobilization increases as political opportunity decreases, in Social Compass 60(4), 561–578.

Koos, Sebastian/Lauth, Franziska (2020): Die gesellschaftliche Unterstützung von Fridays for Future, in: Sebastian Haunss/Moritz Sommer (Hrsg.), Fridays for Future – Die Jugend gegen den Klimawandel. Konturen der weltweiten Protestbewegung. Bielefeld: transcript, 205–225.

Meier, Larissa/Daphi, Priska (2022): Friedensbewegung und Krieg: Warum konnte die Ostermarschbewegung kaum von der öffentlichen Empörung über den russischen Angriffskrieg auf die Ukraine profitieren?, in: Forschungsjournal Soziale Bewegungen 35(4), 580–595.

Nehring, Holger (2022): Friedensbewegungen und Kriegserinnerungen: Deutschland im europäischen Kontext, in: Forschungsjournal Soziale Bewegungen 35(4), 613–626.

Nehring, Holger/Ziemann, Benjamin (2011): Führen alle Wege nach Moskau? Der NATO-Doppelbeschluss und die Friedensbewegung – eine Kritik, in: Vierteljahreshefte für Zeitgeschichte (59)1, 81–100.

Preston, Andrew (2018): Wie die Friedensbewegung in den ewigen Krieg führte, in: Neue Zürcher Zeitung, 22. April 2018, online unter: https://www.nzz.ch/feuilleton/wie-die-friedensbewegung-in-den-ewigen-krieg-fuehrte-ld.1378435, letzter Zugriff: 01.09.2023.
Rathje, Jan (2022): Verschwörungstheoretische Positionierungen zum russischen Angriffskrieg gegen die Ukraine, 11. März 2022, online unter: https://cemas.io/blog/positionen-ukraine/, letzter Zugriff: 06.09.2023.
Rucht, Dieter (2023): Die Letze Generation: Eine kritische Zwischenbilanz, in: Forschungsjournal Soziale Bewegungen 36(2), 186–204.
Rucht, Dieter/Rink, Dieter (2020): Mobilisierungsprozesse von Fridays for Future. Ein Blick hinter die Kulissen, in: Sebastian Haunss/Moritz Sommer (Hrsg.), Fridays for Future – Die Jugend gegen den Klimawandel. Konturen der weltweiten Protestbewegung. Bielefeld: transcript, 95–114.
Schmid, Günther (1984): Die Friedensbewegung in Deutschland. Entstehungsursachen – Selbstverständnis – Strukturen – innere Widersprüche. München: Bayerische Landeszentrale für politische Bildungsarbeit.
Schockenhoff, Eberhard (2007): Grundlegung der Ethik. Ein theologischer Entwurf. Freiburg im Breisgau: Herder.
Stephan, Maria J./Chenoweth, Erica (2008): Why Civil Resistance Works. The Strategic Logic of Nonviolent Conflict, in: International Security 33(1), 7–44.
Zeller, David R. Jr./Benford, Robert D. (2022): Peace Movements, in: Lester R. Kurtz (Hrsg.), International Encyclopedia of the Social & Behavioral Sciences, Cambridge: Academic Press, Bd. 2, 487–501.